2016年
整合社会资源
推进艺术普及

宁镇扬泰群众文化优秀论文集

■ 汤小河 主编

江苏大学出版社
JIANGSU UNIVERSITY PRESS

镇 江

图书在版编目(CIP)数据

    整合社会资源　推进艺术普及：宁镇扬泰群众文化
优秀论文集/汤小河主编. —镇江：江苏大学出版社，
2017.7
    ISBN 978-7-5684-0516-4

    Ⅰ.①整… Ⅱ.①汤… Ⅲ.①文化馆－艺术教育－普
及教育－中国－文集 Ⅳ.①J124-4

    中国版本图书馆 CIP 数据核字(2017)第 168743 号

整合社会资源　推进艺术普及：宁镇扬泰群众文化优秀论文集
Zhenghe Shehui Ziyuan　Tuijin Yishu Puji：Ning Zhen Yang Tai Qunzhong Wenhua Youxiu Lunwenji

主　　编/汤小河
责任编辑/汪再非　郑芳媛
出版发行/江苏大学出版社
地　　址/江苏省镇江市梦溪园巷 30 号(邮编：212003)
电　　话/0511-84446464(传真)
网　　址/http：//press.ujs.edu.cn
排　　版/镇江文苑制版印刷有限责任公司
印　　刷/虎彩印艺股份有限公司
开　　本/718 mm×1 000 mm　1/16
印　　张/13
字　　数/182 千字
版　　次/2017 年 7 月第 1 版　2017 年 7 月第 1 次印刷
书　　号/ISBN 978-7-5684-0516-4
定　　价/45.00 元

如有印装质量问题请与本社营销部联系(电话：0511-84440882)

编辑委员会

前　言

2015 年,中央发布了《关于加快构建现代公共文化服务体系的意见》,要求更好地保障人民的基本文化权益,全面深入地开展全民艺术普及活动,以此增进民族凝聚力,推动社会进步。各级文化馆作为群众文化的创作中心、活动中心、研究中心,理应在全民艺术普及工作中发挥引领作用。

在这样的大背景之下,镇江市文化馆会同南京、扬州、泰州三市文化馆,从文化工作实际出发,精心谋划,以"新时期群文工作与全民艺术普及"为主题,举办了 2016 年宁镇扬泰群众文化理论研讨会。本次活动共收到各市文化馆、群文学会负责同志和基层文化馆站业务干部撰写的 30 多篇论文,内容涉及公共文化服务的各方面热点,展示了他们对宁镇扬泰地区群众文化工作的深入思考和创新理念,对当前开展全民艺术普及工作有着十分重要的借鉴意义。

翻开这本论文集,我们可以看到很多实实在在的工作实例,可以看到很多鲜明的见解和独特的观点,感受到作者对群众文化工作的热爱和执着,感受到他们对服务对象的无私大爱和上下求索的可贵品质。时有所思,尽在这一篇篇心血力作中体现;时有所悟,尽在那一个个具体项目中实践。

在这里,群文工作的同仁们深刻研究和剖析当地公共文化的种种现状,系统地阐述了自己的观点和理念,希望能为解决当前面临的困难与挑战发挥一份力量。我们希望,通过宁镇扬泰理论研讨会这一平台,能够吸引更多的群文工作者交流心得、取长补短、学习借鉴,进一步加强四市的文化交流与合作,为全民艺术普及工作增添一抹靓色!

目　录

南　京

镇　江

扬　州

泰　州

南

京

留住乡音　记住乡愁

——全民艺术普及中的民族音乐之我见

（江宁文化馆）

张　俊

民族音乐是华夏文明的艺术瑰宝,是亘古不变的民族基因。因此,在全民艺术普及工作中,普及和弘扬民族音乐,具有极为重要的意义。本文以此为出发点,探讨了民族音乐在当前形势下普及的五种优势,并对民族音乐的普及工作提出了三点建议。希望通过对民族音乐普及工作的探讨,总结经验,由点及面,促进全民艺术普及工作在各个艺术领域得到更快速的开展,获得更全面的成效。

普及民族音乐可以丰富群众文娱生活,提升大众艺术修养,增加民族自信,留住美丽乡愁。

茶余饭后,玩赏民族音乐是让人身心愉悦的文娱生活方式;校内课外,学习民族音乐可以提升一个人的艺术修养;文化交流中,懂得并擅长一种民族音乐是让人艳羡的,可以增加民族自信;而在高速城镇市化进程中,民族音乐可以让人静下心来,回味那渐行渐远的美丽乡愁。艺术的启蒙和普及固然可以提升一个民族的文明程度和文化修养,开启美学的视野,启迪想象的智慧;可若要拨动人们心中最脆弱敏感的心弦,让亿万同胞在千百年的华夏文明之长河中,感受同样的叹息,拥有共鸣,从而产生民族凝聚力和自豪感,这却是民族音乐所擅长。民族音乐是每一个中国人在喃喃学语之前就烙印在灵魂里的基因记忆。

2015 年中办、国办印发了《关于加快构建现代公共文化服务体系的意见》，明确提出要"积极开展全民艺术普及"。同年 10 月，由文化部主办的 2015 年中国文化馆年会在重庆召开。全民艺术普及成为大会重点开展研讨的课题之一。全国各省市区也如火如荼地展开了全面艺术普及工作。可见，开展全民艺术普及是公共文化服务中的一项重要工作内容，是文化馆在新的历史时期不可推卸的历史使命。而弘扬民族音乐，继承和发展传统音乐，在全民艺术普及中，有着相当重要的意义。

一、民族音乐普及之优势分析

中国民族音乐，或者称为中国传统音乐、中国民族民间音乐，是指运用中国本民族独特的音乐语言、采取本民族表现形式创造的、具有本民族固有形态特征的音乐。狭义的民族音乐包括在历史上产生、世代相传至今的古代音乐作品。广义的民族音乐也包括当代中国人运用中国音乐元素创作的作品。它是源远流长的中华音乐的活化石。在艺术的普及和传承中，民族音乐不仅意义非凡，还具有许多无可比拟的优势。

（一）魂牵梦萦的乡土音：民族音乐更容易让群众接受

音乐是流动的建筑，是情感的艺术。中国民族音乐是中国人用自己的音乐语言创造的，独具东方魅力的音乐艺术，它具有深厚的群众基础，更容易为人们所接受，易在广大范围内普及。

1. 民族音乐的耳朵与生俱来

"少小离家老大回，乡音无改鬓毛衰"，如同人们对母语的依赖和眷恋，民族音乐同样是深入人心的灵魂羁绊。也许，中国宝宝在还没有学会中国话之前，就已经在"月儿明风儿静，树叶儿遮窗棂"的摇篮曲中安眠；也许，很多孩子刚学会走路，就跟着中国姥姥伴着《最炫民族风》的音乐扭起了广场舞；也许，很多中国娃娃的文化启蒙来自于《空城计》《智斗》这样的戏曲唱段。中国人对中国音乐具有天然的领悟力和理解力，欣赏民族音乐的耳朵与生俱来。民族音乐更易于为广大群众所接受。

2. 民族音乐与国画、书法、诗词、美食等文化枝连相通

有个孩子在宾馆看到了一幅《风吹竹林图》，他兴奋地对妈妈说："妈妈，这幅画我听过。"艺术的表达方式不同，但是审美却是相通的，即所谓的通感。古代的教育体系要求学生掌握"礼、乐、射、御、书、数"六艺。六艺之间相互联系，相互辅助，方能共同成就一个德才兼备的国家栋梁。孔子更重视音乐修习，他把仁爱思想和礼乐结合起来，提出："人而不仁，如礼何？人而不仁，如乐何？"因此，中国音乐，尤其是宫廷雅乐，文人音乐，甚至是乐律琴法之中，蕴含了丰富的中国文化思维。民族音乐之于书画，犹如红酒之于牛排，是高度匹配的。听一曲《夕阳箫鼓》，读着张若虚的《春江花月夜》，一幅写意的中国山水画仿佛映入眼帘。理解中国书画诗歌之美就能理解中国民族音乐之美，而掌握民族音乐，更有利于广大群众触类旁通地感受和修习其他形式的中国文化艺术。

3. 民族音乐流传久远，易见易学

这里的易学是学习的机会。相对歌剧、钢琴曲、小提琴曲等西洋乐，民族音乐更容易为大众所接触到。无论在世界的任何角落，只要有华人的地方，就会有中国民族音乐。民族音乐是中国传播最广、受众最普遍的音乐艺术，在艺术普及中具有很大的优势。

（二）绚丽迷人的民族风：民族音乐更具审美意趣

世界越来越小，艺术传播越来越全球化，巴黎刚发布的时尚，明天就可能成为"北上广"的新风向。你若想追赶世界时尚，结果却永远只能在其身后。因为，审美追求往往是差异化和多元化的，只有民族的才是世界的。唯有独树民族艺术的大旗，才能在世界艺术之林中脱颖而出，绽放慑人魅力。事实上世界早已将审美的目光投向了中国民族风格，无论是歌剧《图兰朵》中的中国音乐元素，凯丽金萨克斯曲《茉莉花》的民歌风，还是好莱坞电影《花木兰》《功夫熊猫》都因为成功嫁接中国元素从而获得成功。民族音乐是默默绽放于林间的奇异花朵，当有心人苦心寻觅，精心采摘，将其展现在世人面前的时候，这朵花才能惊艳世界。

（三）博大精深的文化魂：民族音乐更能激发民族自豪感

1. 中国民族音乐和中华的其他文化形态一样，底蕴深厚、源远流长

从贾湖骨笛到曾侯乙墓编钟，先民的音乐智慧让人赞叹；从诗歌融合的六代乐舞到繁花似锦的唐大曲、法曲，中国音乐的古老与辉煌让人痴迷；从相合歌、清商乐到锅庄、木卡姆，民族音乐风格迥异多姿让人目不暇接。通过民族音乐的学习和普及，我们会更加深刻地了解祖国文化的伟大和璀璨，从而激发起强烈的民族自尊心和自豪感。

2. 民族音乐的昨天让我们自豪，而它的明天更让人期待

一个民族的强盛，必然产生强势的文化，而文化的强盛，往往以音乐等文化输出为标志。唐宋时期，万邦来朝，中国音乐在民族大交融中，也传播到东南亚各国，风靡一时。如今，日韩文化也伴随着久石让的音乐、鸟叔的《江南 Style》走进了千家万户。在中国民族音乐再次走向世界、声震寰宇的进程中，我们听到的是中国民族崛起的脚步声。

（四）源远流长的传家宝：非遗保护工作的成功开展让民族音乐普及正当其时

传统音乐种类丰富，流派众多，其中蕴含着丰富的非物质文化遗产资源。很多民族民间音乐以口传心授的方式在广阔的中国乡村中代代相传，是非物质文化遗产的重要内容，也是华夏民族的传家宝。随着时代的发展，中国大量的乡村变成了城镇，大量的农村人转化为城市人，民族音乐赖以生存的农耕文化生态环境慢慢消失，这为保护、传承、发展民族音乐带来了很多困难。电影《百鸟朝凤》就反映了中国传统音乐这一文化瑰宝在当今全球化、城市化进程中所面临的困境，引发了人们的广泛关注和思考。民族音乐在日新月异的当代依然是弥足珍贵的存在，而普及和弘扬民族音乐，就显得尤其重要。可喜的是，近来随着全社会对传统文化的广泛重视，这种传统音乐文化凋零状况正在改善。未来借助社会对非物质文化遗产保护的热潮，在国家有条不紊地开展非遗普查、申报、保护等工作中，民族音乐一定能借此东风，得到更加长足的普及和发展。

（五）艺术创作的活源泉：群文创作为民族音乐普及提供舞台

民族音乐是群众创作的灵感之源。好的公共文化作品一定是接地气、赋予地域特色的文艺作品。历届"五星工程奖"中很多获奖作品都成功地化用了民族民俗音乐的元素，从而在众多的群文作品中脱颖而出。近年来由江宁文化馆创作，在各类比赛中屡获殊荣的《迎亲》《马普锣鼓》《手龙跃横溪》等优秀作品就是对江宁民间音乐元素的提炼和发展而打造出来的。在 2016 年 9 月召开的 G20 峰会开幕式上，民族音乐元素的巧妙运用，也使得演出慑人心魄，惊艳世界。随着民族风在艺术创作中的复兴，民族音乐也必会迎来普及与发展的春天。

二、民族音乐普及之方法探析

民族音乐魅力独特，价值丰富，贴近生活，深受人民群众的喜爱。群众文化工作者应该因势利导，在群众中开展好民族音乐的教育和普及工作，从而丰富市民的文娱生活，提升全民艺术素养，共建国人共有的精神家园。

（一）在氛围营造中普及民族音乐

谈到艺术普及，人们自然会想到各种各样的培训辅导。其实，艺术无处不在，关键是有没有一颗能够感受艺术的心。当人的内心充满了对美的感知，则"感时花溅泪，恨别鸟惊心"。所以，普及民族音乐首先是引导人们感受民族音乐艺术，发现传统文化之美。

1. 让文化场所充满民族音乐气息

在艺术氛围的营造中，音乐有着得天独厚的优势。音乐借助声音传播，影响情绪，直达内心，因此是一种很好的环境艺术样式。在文化馆、文化宫、文化站等公共文化场所播放民族音乐，既可以营造优美的艺术氛围，凸显地方文化特色，也可以让到访市民沉浸在传统音乐艺术的熏陶之中，在不知不觉中接受美的教育。

2. 让文化活动中充满民族音乐元素

作为公共文化服务的职能部门,文化馆每年都会开展"惠民演出进基层""送电影""三下乡""艺术节"等各种形式的群众文化活动。以江宁区为例,全区每年向社会推出培训、展览、演出等公益性文化活动项目不少于 200 个。每年组织开展规模较大的群众文化活动不少于 12 次;各街道每年举办文化节、读书节、运动会等文化体育活动不少于 10 次;每个村(社区)每年组织群众性文化体育活动不少于 8 次。区博物馆每年举办免费展览不少于 6 次。区图书馆、文化馆、非遗展示馆等每年分别举办免费展览不少于 6 次。如果能在静态文化活动中播放民族音乐,在惠民演出中提供更多民族音乐的表演,在文化馆门户网站的背景音乐中加入民族音乐,则必能更好地普及民族音乐。

(二)在公益培训中提升普及水平

开展公益培训是公共文化服务部门的重要职能之一,也是全民艺术普及的有效手段。在民族音乐的公益培训中有着其独特的方法和规律,而民歌、戏曲、民乐等,也因艺术形式不同,而有其不同的教学方法。这里提出几条可供参考的共性建议。

1. 普及理论知识

虽然音乐是感性的艺术,但是适当的理性总结和讨论有利于人们更好地理解和欣赏音乐作品,发现抽象音乐语言中的意蕴之美。相对于个性化、专业性较强的音乐表演技能学习,民族音乐理论学习更适合通过群众大讲堂的方式开展。文化馆(站)可以开展公益性的音乐欣赏讲座、作品交流沙龙、民族音乐知识大讲堂等活动,向群众普及中国音乐史、音乐常识、音乐欣赏等理论性知识。除了利用传统的文化馆(站)、艺术中心、文化室等公共文化阵地开展普及活动,还可以运用数字化技术,将讲座视频、精彩讨论上传到网络,通过在文化馆(站)的门户网站和微信上开办民族音乐微课堂、网上论坛、网络学习直播室,为广大市民提供"互联网 +"的现代化公共文化服务,在更加广阔的受众范围普及民族音乐知识。

2. 培训一种技能

音乐除了可以欣赏,也可以表演;而掌握一种音乐表演技能则更有利于欣赏理解音乐。因此,辅导市民掌握至少一种民族音乐表演技能是普及民族音乐的有效方式。宁波市创造性提出了"一人一艺"全民艺术普及计划值得借鉴和推广。此项计划的实施目标是到2020年,全市80%的群众每人至少能认知或掌握一种艺术门类,最终实现"一人一艺"的总体目标。

3. 扶持民间团队

"独乐乐不如众乐乐",音乐是一种需要社会交往空间的艺术。除了音乐表演需要相互欣赏,民族音乐中的合奏、协奏、合唱等音乐形式都需要音乐爱好者的交流和协作才能完成。因此,扶持成立群众性民乐队、民族音乐研究会、民族音乐促进会、民族音乐创作沙龙,有利于民族音乐普及在群众中自发自主地开展。

4. 关注特殊人群

公共文化服务旨在保障人民基本文化权益,提供读书、看报、看电视、听广播、公共文化鉴赏和文化活动等基础性文化服务,均等性是其重要特征之一。社会中的鳏寡孤独、外来务工人员、留守儿童、特困家庭、残障人士,由于各种原因,难以获得均等的文化服务,参加公共文化活动机会寥寥,更不用谈民族音乐的普及了。这需要群文工作者给予特殊人群以特殊的关怀,通过文化精准扶贫等活动,将优秀的民间音乐演出送到特殊人群中间,慰藉乏味的心灵;通过组织有一技之长的文化志愿者走到有困难的儿童中去,抚慰残缺的童年。

(三)在普及工作中加强与学校合作

民族音乐的普及是一件盛事,需要全社会力量的参与,共襄盛举。其中,学校教育的作用尤为重要。实际上艺术普及也是近年来国家教育部关注的重要课题。2015年9月,国务院办公厅颁布了《关于全面加强和改进学校美育工作的意见》。因此,公共文化服务部门应该顺应形势,以加强学校美育工作为契机,与学校合作,开展民族音乐普及工作。实际上,在民族音乐普及工作中,侧重对于孩子的培养会产生更好的社会效益。这不仅是因为孩子是未来的公民,更因为一个孩子的艺术培养往往可以带动一个家庭对民族音乐的学习兴趣。更值得注意的是,今天的孩子即为明日的父母,一代人对民族音乐的钟爱情节也会不断地延续和传承。

具有丰富的民族音乐知识的是艺术人才,学校教育中缺乏的也恰恰是艺术人才。根据有关数据显示,全国乡镇以上的中心学校当中每十所学校只有六个美育老师。教育部近期表示,师资问题仍然是美育工作推进的最大障碍。有鉴于此,公共文化部门可以与高等艺术院校、社会艺术团体、非遗传承人合作,整合和壮大群众文艺骨干的队伍;通过开展传统艺术进校园、民族音乐夏令营、音乐特色课堂等公益性活动,帮助学校组织艺术活动,辅导学生开展课外艺术活动,从而缓解学校师资短缺问题。公共文化部门要善于协调家庭、社会和学校三方力量,通过共同努力,推进民族音乐普及,让全民艺术普及工作取得更高的社会效益和更广泛的普及成果。

欲提振民族精神,必须复兴民族艺术,欲复兴民族艺术,必须普及民族音乐。通过民族音乐普及,培养群众健康向上的文艺爱好,将被动地接受普及转变为主动的精神追求,从而扩大和提升全民文化消费需求,推动国家的公共文化事业更加繁荣。同时,需要广大群文干部注意的是,当今社会中,艺术教育已成为一种产业,民族音乐的培养也是有一定商业价值的。但是公共文化服务范畴的民族音乐普及却不能以赚钱为目的,不能巧借名目,谋取利益。有时候,公共文化服务甚至要在民族音乐普及工作中贴物、贴钱、贴人。因为我们从事的是光荣的社会公益事业,只有公而无私,我们才能得到社会贤达、有识之士的理解和支持,团结一切可以团结的力量;只有公而忘私,我们才能坚持普及民族音乐的纯粹性,做到有教无类,全民艺术普及才能收到应有的效果,才能真正有利于全民艺术素质的提升。当然,马克思主义社会学认为,经济基础决定上层建筑,作为文化工作者,笔者在期盼祖国经济腾飞、人民生活水平日新月异的同时,呼吁国家和社会各界为公共文化事业给予更多的理解和支持,共襄盛举,共同把这一利国利民事业做好。

论"全民艺术普及"语境中的文化馆艺术培训

（南京市文化馆）

周春晖

与常态化的文化馆艺术培训相比，"全民艺术普及"语境中的文化馆艺术培训，是一种范围更广、要求更高的艺术培训。文化馆艺术培训与"全民艺术普及"的目的高度契合，文化馆履行工作职能的过程就是推进"全民艺术普及"的过程，因此，文化馆的艺术培训是实现"全民艺术普及"的有效举措。首先，文化馆艺术培训为"全民艺术普及"提供了艺术化的培训场所。其次，文化馆艺术培训为"全民艺术普及"提供了职业化的师资队伍。以人的文化艺术需求程度确定艺术培训对象，是实现"全民艺术普及"的基本路径。

2016届"宁、镇、扬、泰群众文化理论研讨会"的主题是"全民艺术普及"，主办方给的13个论文参考题目全都落实到"全民艺术普及"这一关键词上，从而使本届研讨会成为"全民艺术普及"的专题研讨会。关注热点问题历来都是群众文化理论研究的一大特点，繁荣而又杂乱的文化现实，需要理论的厘清，更何况"全民艺术普及"既是政府的文化愿景，又是全民的艺术狂欢，作为群众文化艺术工作者，我们责无旁贷地应当在这场艺术大戏中演好自己的角色。由于南京市政府在"全民艺术普及"方面还没有政策性的规划，我们对此问题的思考也就跳不出工作层面的窠臼，本文仅从文化馆文化艺术培训的职能出发，探寻其与"全民艺术普及"之间的关联。

一、艺术培训是实现"全民艺术普及"的有效举措

在当下的文化场域中,"全民艺术普及"既是一个热词,也是一场轰轰烈烈的社会文化艺术实践,据不完全统计,自中央提出"全民艺术普及"的总体要求至今,短短的几年间,宁波、海盐、镇江、苏州、长沙等地政府文化机构均制定了落实"全民艺术普及"要求,实现"一人一艺"的目标规划。全国各类文化机构、艺术团体、文艺院校和文化产业、事业单位都将"全民艺术普及"纳入年度工作计划和近期发展战略规划之中,中央的指示得到全面、高效地贯彻执行。

"全民艺术普及"是一项规模宏大的系统工程。从内容上看,它囊括了音乐、舞蹈、美术、摄影、绘画、雕塑、戏剧、曲艺、电影电视、小说、诗歌等各艺术门类的专业艺术技能技巧、艺术基础理论、艺术创作方法和艺术审美鉴赏等诸多方面;从普及的范围和对象来看,它关乎生活在中国这片广袤大地上的每一个中国公民。因此,它需要政党的指导、政府的主导、财政的保障、文化艺术部门、单位的倾力投入和广大人民群众的踊跃参与,才能推动系统协调、有序、高效地运行,从而实现"全民艺术普及"美好愿景。

在这庞大的系统之中,文化馆作为专司群众性、普及型文化艺术工作的文化事业单位,艺术普及是其职能所在,职业所依。因此,文化馆开展"全民艺术普及"工作的重要性与必要性的意义阐释是自明性的,无须赘言。通俗地说,我们就是干"普及文化艺术"工作这个行当的,我们的职责和使命就是如何把这项工作干得更好。

从全国范围来看,文化馆事业的发展是不平衡的,文化设施建设和干部队伍建设存在着较大的差异性。因此,如何将"全民艺术普及"这项工作干得更好,只能是因地制宜、因势利导,八仙过海各显神通,谁都无法提供一个"毕其功于一役"的锦囊妙计,那么,从文化馆人擅长的、文化馆人能做好的文化艺术培训做起,应当是一种富有智慧的选择。每一个人的艺术才能都是经过严格而艰苦的训练得来的,即便是艺术大师也无非是比他人训练得更加刻苦而已,因此,无论是成为艺术家还是艺术爱好者,

艺术培训都是其艺术成长过程必修的功课。

汉字"艺"的最初词义是"种植"的意思,熟练的种植动作成为"技",庄子在《天地篇》中说"能有所艺者,技也";古人常说的"礼、乐、射、御、书、数"六艺,指的就是六种技术和技能。古希腊人所讲的艺术也是指一种生产性的制作活动,诸如木工、铁工、外科手术之类的技艺和专门形式的技能。可见,早期的艺术指的就是具有实用价值的技艺,这也是今天的人们将精美的手艺称为艺术的原因。既然艺术就是精湛的技艺,那么刻苦的技能技巧训练便是必不可少的,否则就不可能达到熟能生巧、烂熟于心的境界。文化馆开展社会艺术培训的用意就是,希望通过文化馆这个训练平台,让受训者掌握一项或多项的艺术技能。

文化艺术培训是一种有组织的传授文化艺术知识;训练文学、艺术技能的教育行为,是文化馆的重要职能之一。文化馆的文化艺术培训按照培训对象的不同分为两种,一种是面向社会大众的社会艺术培训,一种是文化馆系统内部的专业干部的文化艺术培训。后一种培训目的就是为前一种培训提供合格的专业培训人才,因此,文化馆的文化艺术培训目的就是为社会培养和训练越来越多的文化艺术人才。这与"全民艺术普及"的目的高度契合,从目的性的意义上来看,文化馆所开展的一切文化艺术培训,都是在推进"全民艺术普及"事业的快速发展。因此,文化馆的艺术培训,是实现"全民艺术普及"的有效举措。

二、文化馆艺术培训在"全民艺术普及"中的作用

1992 年文化部在《群众艺术馆、文化馆管理办法》中,对文化馆的基本职能有具体的表述,其中有:组织开展群众文化活动;普及文化艺术知识;辅导基层文化骨干;开展社会艺术培训等职能。文化馆的这些职能与"全民艺术普及"所要求的——普及艺术技能技巧、普及艺术基础知识、开展艺术审美活动和辅导群众艺术创作的基本内涵大致吻合。因此,对政府设立的文化馆而言,当下大力推进政府倡导的"全民艺术普及"工作是责无旁贷的文化使命和工作责任。"全民艺术普及"则为文化馆人提供了大显身手的广阔平台。

（一）文化馆的培训场所为"全民艺术普及"提供了艺术化的物质环境

覆盖全社会的现代公共文化服务体系的建设,促进了中国文化馆事业跨越式的发展,极大地改善了全国各城市文化馆馆舍物质条件。许多新建或改建的文化馆,其建筑外形融入了大量的现代文化艺术或当地传统文化艺术的元素,成为当地标志性的文化建筑。20世纪末建成的南京市文化艺术中心(市群众艺术馆)建筑外形被南京人戏称为"南京马桶",听起来有点嘲讽,我倒不以为然,杜尚的《泉》也就是倒置的便斗,起初也备受嘲弄,如今是艺术界公认的先锋派杰作。"南京马桶"也罢,"北京裤衩"也罢,先锋艺术总是与争议、嘲讽如影随形的。但其别致怪异的外观,定然会激起人们走进去看个究竟的好奇,这或许正是设计师的目的所在。文化馆作为文化的物质载体,它的结构布局、内部装饰、功能设置、视觉环境、音响效果等,都是按照美学原则设计装置的,极具艺术性、审美性的品质,流连其中便是一种艺术享受,在其中学习艺术知识、训练艺术技能、创作艺术作品更是一种美上加美的审美体验。

（二）文化馆为"全民艺术普及"提供专业的艺术培训师资

文化馆人从事的是群众性文化工作,为社会公众提供普及型的文化艺术服务,培训辅导群众业余文化艺术爱好,满足群众闲暇时间的精神文化需求是文化馆安身立命之本。作为一种社会文化形态,群众文化具有群众性、业余性、普及性和闲暇性的基本特征。群众文化具有业余性的特征,很容易让人产生群众的、业余的文化艺术水平不如专业的文艺工作者的文化艺术水平高的臆断,并由此推论出从事这项工作的文化馆人的艺术才能也远不如职业的文艺工作者高超。其实仅从社会分工的角度来看,有职业的艺术工作者和业余的艺术爱好者之分,但就艺术本身而言,是没有专业的艺术和业余的艺术之分的,职业歌唱家演唱的《今夜无人入睡》和业余声乐爱好者演唱的《今夜无人入睡》都是经典的声乐艺术作品,他们之间的差异,只存在于二度创作的艺术才能上,但并不必然的就一定是职业的比业余的唱得更好,如果唱得不好便是业余,那中国的歌唱家们都是业余的。况且,按专业技术职称的分类来看,文化馆人是地地道道的专业的群众文化工作者。这种专业性使文化馆人与其他的专业文艺工作者相比在"全面艺术普及"工作中更具优势。首先,文化馆的培训干部整天与群众在一起吹拉弹唱、挥毫泼墨,对群众的文化艺术需求了如指掌,文化馆人的辅导培训,精准又走心。其二,如今的文化馆人大多数毕业于艺术院校,艺术知识广博、艺术技能高超,艺术趣味高雅,艺术修养深厚,完全可以承担"传道、授业、解惑"先生职责。其三,长期的艺术培训所积累下的艺术培训经验,使文化馆的艺术培训,从培训管理、课程设置、教材编写、培训方法等各方面都可以与艺术院校的学院派艺术教育相媲美。

三、以人的文化艺术需求程度确定艺术培训对象

在"全民艺术普及"的语境中,艺术培训的对象无疑是全民,这显然是文化馆无法承受之重,即便仅限于本市居民对文化馆而言也是无法实现之梦。以南京市为例,常住人口逾千万,市区文化馆12家,假定各馆每天艺术培训的对象为100人,那么,完成"一人一艺"计划,大概需要30年。这里还必须有一个前提条件,就是培训对象都具有点石成金的艺术潜质,一天的培训便可掌握一门艺术专业技能,可能吗? 因此,我理解"全民艺术普及"所言之"全民"应是宽泛的指代,而非"每一个国民"。可具操作性的做法是——以人的文化艺术化需求程度确定艺术培训对象。以群众文化需求为导向是文化馆开展一切文化艺术工作的基本原则,通常,一个人的艺术特长越强,他的文化艺术需求越强,以艺术特长为圆心扫描出去,由近及远我们可以看到从艺术骨干群体—艺术团队群体—文化志愿者群体—有文化艺术培训需求的社会民众群体,他们大致构成了文化馆开展普及性文化艺术培训的基本对象群体。由于群体间的各自所具备的艺术才华的程度是不尽相同的,文化馆应当遵循因材施教、按需培训的原则开展艺术培训工作。

（一）艺术骨干的培训

业余文化艺术骨干是群众中的"非职业艺术家"，他们大都接受过一定程度的艺术专业技能的训练，艺术特长显著，艺术才华横溢。对他们的艺术培训，应当侧重于普及基础上的提高，由文化馆的专业老师或聘请艺术专家进行一对一的辅导培训，并为其提供更高级别的文化艺术培训机会，不断提高其艺术专业知识和专业技能，以及群众文化艺术活动的组织管理水平，使其成为"群众文化群众办"的骨干核心和领军人物，让群众文化逐步回归群众。

（二）艺术团队的培训

群众业余艺术团队是开展群众文化工作、群众文化活动的不可或缺的重要力量，是丰富、活跃当地群众文化生活的艺术载体，他们的活跃程度和艺术水准是衡量当地群众文化繁荣与发达程度的标杆和旗帜。因此，加强艺术团队的艺术培训，既可以进一步促进当地群众文化事业的繁荣与发展，又可以不断提升艺术团队的艺术水准，提高他们的影响力和知名度。每一个艺术团队都会有一两个艺术骨干作为领军人物，团员之间的艺术才能参差不齐，因此，文化馆针对艺术团队开展的艺术培训应当遵循"整体推进、个别突破"的原则，培训内容和方法，既要考虑面的提升，也要兼顾点的突破，使每个团员的艺术才能保持在大体相当的水平线上，这样既可以维护提速团队的凝聚力，又可以保持每一个团员参与文化艺术活动的热情度，从而使已普及的艺术不再流失。

（三）文化志愿者的艺术培训

文化志愿者是社会公益事业发展到一定高度的产物，奉献社会服务他人的道德追求，使文化志愿者的文化服务成为政府公共文化服务强有力的支撑，是社会主义文艺花园辛勤劳作的园丁。如何保障文化志愿者队伍的长期、健康、持续发展，强化文化志愿者的文化艺术培训无疑是有效途径之一。各地文化志愿者队伍的艺术人才的结构各不相同，理想的文化志愿者队伍应当由艺术家和非职业艺术家构成，他们有能力为社会提供高品质的文化产品和高质量的文化服务,但实际工作中,这部分志愿者所占比例不大,大多数文化志愿者只是文化艺术的爱好者、欣赏者,自身没有一点艺术技能,文化馆针对他们的培训应当遵循循序渐进的原则,从基本艺术技能训练和基础艺术知识传授开始,一步一步地将他们领进艺术殿堂,丰富志愿者文化服务的方式方法,提升志愿者的文化艺术境界。

(四)社会民众中有文化艺术培训需求群体的艺术培训

以群众文化需求为导向是文化馆工作的基本原则,当然也是文化艺术培训理应恪守的原则,因此文化馆面向社会的艺术培训其对象一定是希望获得文化艺术培训的群众。针对这部分人群的艺术培训构成了"全民艺术普及"的基本内涵。由于社会民众的构成较为复杂,他们对艺术培训的需求也是各不相同,有普及型的艺术培训需求,也有提高型的艺术培训需求。前者属于基本公共文化服务范畴,是公益的、免费的;后者属于准公共文化服务产品,是市场化的、有偿的。文化馆举办社会艺术培训有一套成熟的运作模式,它为"全民艺术普及"的全面实施奠定了良好而坚实的基础。

"全民艺术普及"语境中的文化馆艺术培训,不仅仅使受训者更加广泛、众多;培训效能要求更高、更好、更强的社会文化艺术培训,"一人一艺"只是一种培训手段,目的是通过艺术普及,使越来越多的中国人变成懂艺术、有教养、讲文明的人。

一花独放不是春　百花齐放春满园

——全民艺术普及：基层文化馆发展的新机遇

（六合区第一文化馆）

陈姗姗

开展全民艺术普及，是党和政府在新时期交给文化馆的一项重要任务，也是文化馆不可推辞的重大责任和历史使命。全民艺术普及，对于文化馆而言，是挑战，更是机遇。文化馆，特别是基层文化馆应充分发挥面向基层、贴近群众的优势，创新全民艺术普及方式，以此保障群众基本文化权益，提高国民审美素质。

习近平总书记在文艺工作座谈会上强调"文艺是时代前进的号角，最能代表一个时代的风貌，最能引领一个时代的风气"。在全面建成小康社会，实现"两个一百年"奋斗目标的同时，文艺应当成为时代进步的"助推器"，民族复兴的"造梦者"。2015 年 1 月，中办、国办印发了《关于加快构建现代公共文化服务体系的意见》，《意见》要求"积极开展全民艺术普及"。开展全民艺术普及，是党和政府在新时期交给文化馆的一项重要任务，也是文化馆不可推辞的重大责任和历史使命。

一、全民艺术普及　一边是挑战　一边是机遇

近年来，各地开展了形式多样的全民艺术普及活动，对于提高国民素质、丰富群众精神世界起到了很大的推动作用。但也应看到，由于受地域、经济、人口素质、基础设施和队伍建设等诸多因素限制，受众人数与人

口总数相比，合力并未显现，盲区依然突出，取得的成效也并不显著。为公众提供公共文化服务作为文化馆的一项重要职责，在全民艺术普及中理应起到"主力军"的作用，特别是基层文化馆，最大的优势就是面向基层，贴近群众，在群众中有较强的影响力，是公共文化服务体系中直接服务群众的毛细血管。文化馆，特别是基层文化馆，应把握全民艺术普及的机遇，采取多样化方法开展全民艺术普及工作，提高全民艺术素养、激发人民创造活力、繁荣群众文化，推动社会进步。

二、全民艺术普及　重点在全民　主题是艺术

公共文化服务的特点之一是均等化，目的是最大限度地保障全民的基本文化权益。全民艺术普及的对象也并非特定的群体，而是最广大群众。然而在开展艺术普及的实际中，我们经常看到来参加艺术培训的大多是少年儿童，坐在各类艺术讲堂的听众大多是老年人，基本看不到年轻人的身影，乡镇居民和城镇居民所能享受到的文化服务并不均等，大量流动人口特别是农民工群体基本被排除在外。另一面，夜间或双休日的社会艺术培训班中年轻人处处可见，自发性的艺术社团也屡见不鲜，送文艺下乡时久违的万人空巷，在工地附近兜售各类商品的流动"文艺舞台车"旁人山人海。可见，并非这些群体没有文艺需求，而是现阶段我们全民艺术普及的不均等性和盲区依然非常突出，不得不引起重视。

近年来，有些经济较发达地区开始开展"一人一艺"全民艺术普及工程，其目标是到 2020 年 80% 的群众每人至少能认知或掌握一个艺术门类。"一人一艺"固然美好，但脱离地方经济、人文环境等诸多因素，就如同空中楼阁一般，可望而不可即。全民艺术普及包括全民艺术知识的普及、全民艺术欣赏的普及、全民艺术精品的普及、全民艺术技能的普及和全民艺术活动的普及。各地因充分考虑地区实际，循序渐进开展行之有效的全民艺术普及活动，在全社会营造良好的文艺环境，引导每个人的文艺兴趣和爱好，让每个人的小小文艺梦想都能开花结果。

三、全民艺术普及 瓶颈在普及 突破靠创新

一是借助"互联网＋"，创新全民艺术普及方式。互联网的广泛应用和智能手机等移动终端的普及，克服了时间和空间的限制，大大拓宽了全民艺术普及的路径和方法。通过开发舞蹈、音乐、戏剧、戏曲、电影、广播电视、艺术设计、美术等各门类的网络平台和手机 APP 客户端，根据全民艺术普及的要求和群众需求对内容进行科学设计，用便利、简单的操作使群众拿起手机、打开电视就能定制个性化的文艺课程，充分挖掘上班族、乡镇居民和流动人口这部分全民艺术普及中"沉睡的群体"，打造永不关门、群众手中的文化馆。

二是培育民间艺术社团，扩充全民艺术普及队伍。兴趣是最好的老师，社会上因相同的兴趣而自发组织的艺术社团具有旺盛的活力和感染力，可以有效地推动全民艺术普及。此外，不难发现目前在网络上存在各式各类的文艺 QQ 群、专业网站，参与成员大多都对某项文艺项目充满兴趣，部分发烧友水平不输专业人员，而且网上和线下活动都很频繁。同时也要看到，政府部门对于这类社会自发艺术社团的引导还很有限，对于网上文艺 QQ 群、专业网站的引导几乎没有。作为文化馆应积极主动对接这些民间艺术社团、网上文艺 QQ 群和专业网站，既要做好党和国家文艺政策的正面宣传引导，也要发挥群众文化专业优势开展好业务指导，将民间文艺社团的骨干培养成全民艺术普及骨干，扩大全民艺术普及队伍，促进民间文艺社团的发展。

三是开展公益性文艺培训，扩大全民艺术普及范围。公益性作为文化馆提供公共文化服务的特点之一，文化馆应积极发挥公益性属性，结合本地实际开展各类公益性文艺培训。面对各区较为庞大的人口总量，单靠一个馆的力量还是显得力不从心，文化馆在开展公益性文艺培训的前提下，应充分盘活分布在全区各个街镇、社区的文化所、文化站全民艺术普及的活力。通过培训各街镇、社区各种门类的文化骨干，鼓励各街镇、社区开展全民艺术普及工作，充分发挥公共文化服务体系合力，更好地扩大全民艺术普及范围。

四是通过政府购买服务方式,加大全民艺术普及力度。政府购买公共文化服务介于政府直接提供服务和完全市场化之间,不仅可以实现服务供给的多元化、提高服务效率,也可以弥补文化馆在某些领域的不足。文化馆应配合政府相关部门根据全民艺术普及的要求及规划,结合工作实际研究制定科学合理的政府购买公共文化服务目录,采取政府招标的方式进行购买,建立标准规范的管理方式,同时制订规范严谨的绩效评估方案,组织有关专家对购买服务效果进行评估,借助政府购买公共文化服务的方式,加大全民艺术普及力度。

五是结合地域文化特色,打造全民艺术普及品牌。地域文化带有鲜明的地域特点,拥有最广大的群众基础,也是当地群众喜闻乐见的文化形式。富有地域文化特色的全民艺术普及品牌不仅是一张城市名片,对于全民艺术普及更具有引领和号召作用。如六合区"茉莉花"文化品牌,棠城大讲堂等充满地域特色的文化活动对于激发全民参与艺术普及积极性发挥了不可替代的作用。

一花独放不是春,百花齐放春满园。源远流长的中华文化、博大精深的传统文化和无与伦比的文化底蕴,在实现中华民族伟大复兴之际,文化馆人应以全民艺术普及为己任,把握机遇迎接挑战,不断创新全民艺术普及方式,努力实现全民文化艺术素养的普及和核心价值观的养成。

不忘初心　方得始终

——试论全民艺术普及的意义和体会

（南京市鼓楼区文化馆）

高　兰

广大群文工作者要继承和发扬延安文艺座谈会的优良传统，积极参与全民艺术普及工作，构建现代公共文化服务体系，提高国民素质，让广大民众在享受文化艺术带来的愉悦同时，达到开通民智、改良风俗的目标。作为一名群文工作者，应深入基层，到人民群众中去，将这项工作有始有终地开展起来。

一、深入基层，为广大人民群众服务是文化（文艺）工作者的优良传统

在无产阶级登上历史舞台之前，文化艺术是为少数人服务的。纵观中外艺术发展史，无一例外。首先，搞文化艺术要具备一定的经济基础，广大劳苦大众食不果腹、衣不蔽体，连生计问题都难以解决，哪还有闲钱去观赏艺术；第二，创作和欣赏艺术作品需要有空闲时间，对于那些整天面朝黄土背朝天的农民和每天起早摸黑干苦活的劳工来说，哪有闲暇时间去研究和接触艺术。因此，从事艺术工作及体验并享受艺术的只能属于少数有闲阶层的富人。可能有人不太同意这样的说法。他们认为：艺术最初产生于劳动，艺术人才大多数来自于民间。我不否认这种说法。确实，艺术最初是来自劳动者，在劳动的过程中产生。但是，这种艺术还

处于它的原始阶段,高雅的艺术、经典的作品,还要靠艺术家去重新加工和提炼。大多数艺术种类确实来自民间,当它成为特色文化之时,它的身份也随即改变了,就像川剧变脸一样,已顺其自然地被纳入统治阶级的阵营中,成为他们的工具或成为他们中的一员,远离了广大人民群众。由于艺术创作一靠人才,二靠资金,因此,艺术的生存和发展必定在经济发达的都市,而经典的艺术往往依托于权力更大的皇室和达官显贵,如欧洲的芭蕾、中国的京剧等。

艺术虽然被少数人所占有,但却挡不住广大人民群众对艺术的追求与喜爱。鲁迅在他的作品中描写过农民坐船看戏的故事,为了看一场戏,鲁迅和几个农民孩子坐船行了几十里水路,虽然戏并不"好玩",他们也看不懂,但是,这并不能阻挡他们看戏的热情。我们知道,鲁迅的老家在绍兴,绍兴古称会稽,两千多年前是越国的都城,自古经济发达,然而,看一场戏都如此困难,其他地方就可想而知了。

艺术产生于劳动,民众又渴望艺术,这道不等式,几千年来困惑着无数的人。一些小的戏班子为了生存也尝试过"送戏下乡",并为此做出了努力。著名导演谢晋曾经拍过一部电影《舞台姐妹》,其背景就是"送戏下乡"。然而,多少年来,多少人为之所做的努力都付诸东流。"艺术"离民众仍然遥远。

在讨论这个问题的同时,又派生出另外一个问题:艺术的功能究竟是什么? 在延安文艺座谈会前,大多数人都会说:是娱乐。确实,艺术,特别是戏剧艺术,它的主要功能是娱乐,让人在享受中得到愉悦。不论观看者地位的高与低,是贫穷还是富有,看戏的目的都大致相似:富人看戏为了消遣和找乐子;穷人看戏则为了忘掉生活中的艰辛。然而,毛泽东同志高瞻远瞩,他在看到戏剧娱乐功能的同时,也看到了戏剧的宣传和鼓动功能,他需要戏剧和文艺来唤醒民众投入伟大的抗日斗争中去;他需要用艺术来宣传党的政策和纲领,发动广大民众投身新民主主义革命,为新中国的成立做舆论准备。当时,抗日战争正处于相持阶段,他及时地利用这一时段,召开了延安文艺座谈会。这是一次载入史册的会议。毛泽东同志在会上号召广大文艺工作者走出楼阁深院,走到群众中去,与农民同吃、同住、同劳动，去熟悉他们、了解他们，创作出工农兵喜爱的文艺作品。在这次座谈会上，毛泽东同志第一次提出了党的文艺"二为"方针，并延续至今。《在延安文艺座谈会上的讲话》是毛泽东同志对马克思主义理论体系的重大贡献，也是毛泽东思想的重要组成部分。座谈会后，广大革命文艺工作者深入基层、到农村、下部队，很快就创作出一批反映人民生活和革命斗争的文艺作品，如：《白毛女》《李有才板话》《南泥湾》《黄河大合唱》等，以及后来的长篇小说《太阳照在桑干河上》《暴风骤雨》……这些作品流传了几十年，至今仍然受到人民的喜爱。

因此，可以这么说：党的"二为"方针和文化（文艺）工作者深入基层，全心全意为广大人民服务的宗旨，几十年来一直是我们群文工作者的优良传统。

二、继承优良传统，努力开展全民艺术普及工作

延安文艺座谈会距今已经过去了半个多世纪。这期间，中国发生了天翻地覆的变化，特别是改革开放以来，长期被束缚的经济像脱缰的野马，奋蹄疾奔，取得了举世瞩目的伟大成就。我国是世界上最大的发展中国家，已成为世界第二大的经济体。国家发展了，人民富裕了，国家有了大量的外汇储备，老百姓手里也有了钱，然而，这些钱如何花？大多数人却不知所措。

随着经济地不断发展，也随着国门的开放，腐朽的资产阶级思想也趁机而入，许多新中国成立后早已绝迹的恶习又开始死灰复燃，"黄、赌、毒"渐渐抬头。民族的传统道德被一些人所丢弃，违反公德，扰乱社会秩序的事屡见不鲜，如：闯红灯、随地吐痰、乱扔垃圾、在文物上乱写乱刻等不文明行为屡禁不止，甚至将这些恶习带出国门，在国际上造成了很不好的影响。提高国民素质已到了刻不容缓的地步。

中国是世界上最悠久的文明古国。两千多年前，孔子在对学生讲授《论语》时，大多数欧洲人还在茹毛饮血。中华民族不仅是最早诞生文明的民族，同时，也在不断完善和提高自己的道德标准，如：忠国爱民思想；忠、孝、节、义、信的做人准则；"己所不欲，勿施于人"的人际关系；温、良、

恭、俭、让的个人品质，至今仍是中国人的行为准则。

习近平同志非常重视道德修养，他多次在讲话中谈到这方面问题，如公平、公正、诚信、守法等。2015年1月，国务院办公厅正式印发了《关于加快构建现代公共文化服务体系的意见》(以下简称《意见》)，《意见》明确指出：要求广大群文工作者传播科学文化知识，通过"美育"来提高国民素质，与理论发展相对应，着力构建覆盖城乡、门类齐全的公益艺术培训体系，举办丰富多彩的公益活动，提升公共文化服务质量与档次，让普通老百姓成为艺术表现的主体、艺术创作的主体、艺术行动的主体、艺术欣赏的主体，充分享受艺术带来的愉悦。通过全民艺术普及、构建现代公共文化服务体系，不断地传播科学文化知识，提升人民的精神境界，达到"开通民智、改良风俗"的目标。

《意见》是距延安文艺座谈会70多年后，党中央又一次向广大群文工作者吹响了深入基层、服务民众的号角。作为一名群众文化工作者，笔者认为在构建现代公共文化服务体系的工作上及全民艺术普及的过程中，文化馆层面要切实做好以下几个方面工作：一是思想认识的高度统一，强化主动服务意识；二是艺术专业能力的提高，"打铁先要自身硬"；三是充分发挥文化馆阵地的作用，将公共文化设施功能服务最大化；四是充分利用和协调好本地区文化资源，为民众提供更多丰富多彩的艺术盛宴；五是建立健全群众性艺术社团(队)，最大限度地发挥艺术人才的骨干作用；六是艺术培训、讲座、展演常态化，吸引更多的民众自觉参与其中；七是加强多方位文化艺术交流，及时发布艺术普及活动信息；八是建设好文化艺术普及志愿者队伍；九是强化与街道、社区文化服务对接。

南京市鼓楼区文化馆在全面落实《意见》精神及推进构建现代公共文化服务体系工作进程中，有机地把全民艺术普及融入其中，着重在思路创新、服务定位、提档升级、品牌打造、优化资源五个方面明确工作目标和责任，并取得了可喜的成效。目前全区各类艺术社团300多个。2015年全区开展各类文化科普活动2000多场，其中公益剧场举办各类演出、讲座、艺术交流、电影放映103场，服务观众1.9万人次；举办各类艺术培训班682节课，服务人群3.6万人次；文化艺术惠民活动遍及全区13个街道演出活动 1700 场次,服务社区人数 85 万,受到越来越多市民的欢迎和喜爱。

三、学习习近平同志讲话精神,努力构建现代公共文化服务体系

党的十八大以来,习近平同志在许多重要时段做了重要讲话,不但站得高,看得远,而且充满哲理,富有文采,思想深刻。特别是 2015 年,他在文艺座谈会上的讲话,重申了"二为"方针,为我们文化(文艺)工作者再次指明方向,更是成为目前开展全民艺术普及工作的指南。习近平同志反复强调:要发扬长征精神,"革命理想高于天"。勉励大家"不忘初心,方得始终"。

"不忘初心,方得始终。"虽然只有短短的几个字,但语言优美、富有诗意,而且思想性强,使人回味隽永。一经公开,犹如一石击水,满池涟漪。因为它准确地击中了人内心的柔软之处,立即产生巨大的反响。许多文章,各种媒体反复引用,成了这一时期引用率最高的句子。但是,许多文章在引用时,只引用了前半句:"不忘初心",我们知道:"不忘初心"这句话的核心是"初心"。初,在词典上是起点、开始的意思。因此,初心应作本意、本愿解。初心一词,出自唐代诗人吴融的诗:"烟霄惭暮齿,麋鹿愧初心。"习近平同志遣词据典,字出有源,从中可以看出他严谨的治学精神、厚实的古文功底。"不忘初心,方得始终"全句完整地解释应是:我们每个党员和干部时时不忘记入党(参加工作)时最初的理想和誓言,才能最终实现人生的目标。人之初,性本善。人,最早的初心都是美好与善良的,然而,随着时间的推移,有少数人斗志渐渐消磨,变得意志消沉、贪图享乐,甚至走上了贪赃枉法的道路。习近平同志的讲话像惊雷,将他们从昏昏欲睡中震醒;像战鼓,重新激起他们为革命事业奋斗的斗志。

"不忘初心"只是全句话的前半句,下半句"方得始终"与其前后呼应,说明事物发展的规律是有始有终的,有始无终,则半途而废、事业全废。因此,有始有终,才是习近平同志讲话的完整内容。

目前,群文工作的着力点是全民艺术普及,作为一个群众文化工作

者,如何做到"精准服务",打通全民艺术普及的"最后一公里",充分发挥现代公共文化服务体系的作用,已成为我们工作的中心。以习近平同志的讲话为动力,"不忘初心,方得始终",有始有终地完成全民艺术普及的工作。

"路漫漫其修远兮,吾将上下而求索。"全民艺术普及,任重而道远,我们将责无旁贷,勇往直前!

让"互联网＋"助力全民艺术普及

（南京市建邺区文化馆）

叶 昕

在群众文化工作中，"互联网＋全民艺术普及"为我们的群众文化工作拓展了空前广阔的空间，我们要用好"互联网＋"，跟进数字化时代的发展，同时还要做好线下的"实体店"，有效地开展传统意义上的群众文化活动。努力让线上线下产生良性交集，让"互联网＋"助力群文活动水平的提升。

当今时代已进入一个网络、数字通信技术高度发达的时代，人类的生产、生活各个方面都和数字网络建立了千丝万缕的关系，形成了广泛的以互联网为基础设施和实现工具的发展新形态。"互联网＋"已不断深度融合于社会各领域之中，李克强总理在 2015 年政府工作报告中适时提出"互联网＋"行动计划，指出互联网是大众创业、万众创新的新工具。文化馆当然也不例外，要想实现全民艺术普及，提升群文活动水平，就必须改变工作方法，充分利用网络、用新媒体平台推广自己的产品和服务。

近年来，全国各地文化馆都紧随图书馆之后，不遗余力地进行数字文化馆的创建，一些文化馆充分利用网络平台，推进全民艺术普及，成为全国人民学习和模仿的标杆，比如马鞍山文化馆，在建设线下互动体验空间的同时，通过移动互联网与线下设备进行连接，实现了内容自动存储、微信分享传播、在线课堂等功能，同时引进文化云平台为市民提供活动预约、艺术普及等线上服务，拓展了服务的空间和时间，为全国地市级数字文化馆建设做出了极具价值的探索。宁波文化馆主推全民艺术普及数字资源库建设,打造群文艺术慕课网络平台,实现总分馆体系资源互联共享,填补行业空白。在这些文化馆的表率支架,各级政府纷纷加大财政投入,在全国各地创建"数字文化馆"。如今,"数字文化馆""网站建设"已经成为全国一级文化馆考评的基本要求。

笔者认为,在群众文化工作中,"互联网＋全民艺术普及"为我们的群众文化工作拓展了空前广阔的空间,我们要用好"互联网＋",跟进数字化时代的发展,同时还要做好线下的"实体店",有效地开展传统意义上的群众文化活动,努力让线上线下产生良性交集,让"互联网＋"助力群文活动水平的提升。在互联网时代的全民艺术普及工作中,我们的观念和思路应始终保持为基层群众服务,为老百姓所欢迎的宗旨,否则就会停滞在"自己跟自己玩"的尴尬处境之中。

一、开拓"互联网＋"的内容特色

群众文化本质上是一种流行文化,群众的喜好,必然是随着环境的变化、时代的变化而不停变化着的。在当今这个高速度、快节奏的数字时代,要想开展推广全民艺术普及,群众文化工作者必须敏锐地感受社会风潮的变化,我们的文化艺术才能受老百姓的欢迎,才能全民普及。不难发现,目前网络上所出现的很多活动内容都和群众文化相似,而这些活动和功能基本上被商业化的新兴的网络公司操控。文化馆也在积极兴建网站,搞"互联网＋",但由于专业人才缺乏、经验不足、设备配置与常规维护不到位,网站制作缺乏竞争力。因此,我们必须在"互联网＋"的内容特色上下功夫,动脑筋想办法,发挥自身优势,做出自身特色去吸引和方便群众,否则便会出现网站倍受冷落形同虚设的局面。

我们可以借助互联网开展各类比赛的演示活动。举办网上文学、摄影、书法、美术、戏剧、曲艺、音乐、舞蹈等各种艺术门类作品比赛,调动全民创作。还可举办网络群众文艺晚会、优秀微信公众号推荐评优等。可以了解到社会公众对服务的反馈和意见建议。例如,地方春节联欢晚会、元旦晚会、文艺活动,这些具有地方特色的文化活动老百姓还是很喜爱的,但往往现场观看也仅限于领导、各机关事业单位的干部和工作人员,大部分群众是欣赏不到的。我们可以利用网络平台把这些具有地方特色的文化活动在网络上同时播出,社会公众可以通过邮箱、评论、点赞、转发等多种渠道,以实名或匿名的方式表达个人见解,可以通过互联网收集到各种评论、意见等,便于有针对性地改进服务,提高服务质量。

我们还可以借助互联网进行文艺辅导。传统的群众艺术培训教育受到各种条件(如场地、师资等)的限制,尚不能做到全民的文化艺术教育,通过网络网站的教学方式,不受地点人数限制的艺术教育培训可以深入每个家庭,让我们的文化馆馆员及外聘艺术辅导专业人士做老师,让老百姓在家庭电脑上学,到文化馆安排的场地上学,更好地提升文艺培训的效果。

我们还可以借助互联网办资料站。办一个能帮助人们学习和工作的、全面的、丰富的、公益性的文化资料网站,建群文资源的数据库:群众文化活动、群众文化广场、业余文艺团队、群文创作队伍和节目、非物质文化遗产和民族民间文化保护项目、群众文化培训等资源。在数据库的基础上,实现群文资源配置的最优化和最大化,使群文资源可以得到积累和多次使用,让群文节目资源、人力资源、培训资源得到交流和调配。

二、做好线下"实体店",营造更加优质的"线下"文化空间

在互联网时代,网络技术的高速发展也在改变着社会上普遍的人际关系,造成人与人之间的疏离。人们越来越多地借助现代通信技术获取信息,面对面交流的时间大大减少。由于网络游戏、网络聊天工具的泛滥,许多"网虫"将大量的时间投入其中,长期生活在虚拟的空间中,一旦回到现实就会产生一种孤独感,不愿意和身边的人交往。当数字网络营造的虚拟世界不断蚕食现实世界的时候,人们在内心深处会更渴望一个温暖的、面对面的、相互交流的实体空间。在这样的境况下,文化馆在数字化推进的同时,更应该大力开展线下活动,以文艺的名义把群众聚在一起,创造一个温馨的交流环境。

我们要以开放的心态接纳数字网络新技术，同时也要更加重视文化馆线下文化活动、文艺创作的开展，不能顾此失彼。事实上，"互联网＋"的模式对文化馆的线下平台提出了更高的要求：人们通过网络遍览世界，他们的视野更开阔了，选择性更多了，对于群众文化艺术的标准和要求也大大提高。文化馆只有拿出更优质的、群众喜爱的活动和节目，才能争取到人气，获得群众的欢迎。在"线下"文化空间里，群众文化必须把工作重心放在打造精品上，深入群众，开展调研，了解老百姓当前的精神文化需求和流行风尚，提高文化活动的品质，改变过去以量取胜的观念，集中精力打造老百姓喜爱的文艺作品和活动，才能够经得住网络的筛选，在群众中产生影响。

因此，在互联网时代，文化馆不仅要发展互联网平台，同时也应加强实体平台的创建，营造更加优质的"线下"文化空间。以更加积极的态度创办各种业余文艺社团，开展文艺创作，鼓励社会各界群众踊跃参加，同时做好各项服务工作。为业余文艺社团的日常活动提供场地，业务干部们要给社团的文艺探讨提供专业指导，担负各社团的日常运营，在线下开展全民艺术普及，制造更加温暖的社会气氛。

三、"线上""线下"良性交集，让文化活动更加丰富多彩

在"互联网＋"的时代，网络文化平台的优势在于：它可以打破地域、时间的局限，使文艺作品在一个更广大的维度内广泛传播。而它最大的缺点，则是海量信息造成选择性障碍，以及文字图像带来的隔阂。在工作实践中，为了能够更好地发挥"互联网＋"的作用，扬长避短，群众文化活动可以使用"线上""线下"并行的方式开展，双管齐下，在线下活动中，人们通过面对面的文化艺术交流，增进了解，沟通感情，扩大社会生活空间。而线上交流，可以扩大范围，不受时间、地域和空间的限制，迅速传播。二者互为一体，相互补充，相得益彰。

一方面，实体文化馆的文艺创作和文化活动可以借助网络进行进一步的宣传和推广。在群众文化工作中，有许多业余文艺爱好者创作出非

常多的优秀文艺作品,由于缺乏进一步的宣传和推广,犹如昙花一现,很快淹没。而通过"互联网＋"文化馆可以大力开展线上的原创作品展示活动,把各种优秀的文艺作品和文化活动通过网络推广出去,使优秀文艺作品能够被更多的群众欣赏到,了解到。同时,通过网上点击率的统计,群文工作者可以迅速了解群众的口味,知道老百姓更偏爱哪些类型的作品,进一步指导文艺创作工作和文化活动的开展。

另一方面,虚拟网络平台上的群众文化交流可以通过实体文化馆组织的文艺活动得到进一步的拓展。虚拟网络平台上的文化交流不能替代实体文化馆组织的各项群众文化活动,人们需要身临其境的互动交流,只有把"虚拟"和"实体"相结合,才能够更好地发挥虚拟网络平台的功能。

在功能齐备的文化馆数字网络平台上,业务干部可以在 BBS 讨论版上指导群众对上传在网络平台上的文艺作品进行评论交流,努力营造民主、平等、热烈的学习气氛,吸引更多网友的关注和参与。同时采取"从线上到线下"的方式,开展各类文化活动,拉动网上的群众从"虚拟世界"走向"现实世界",把网上的文化交流拓展到现实中来,从而拓展网友们的现实交际面,使更多群众参与到群众文化中去,实现全民艺术普及。

四、结论

"互联网＋"不仅仅是一个数字技术普及与推广的技术手段,同时也代表着一个时代具有广阔群众基础的社会潮流。文化馆要做好全民艺术普及,不仅要做好技术硬件革新,更重要的是转变观念,充分理解"互联网＋全民艺术普及"的文化内涵,更好地开展活动。群众文化工作者必须与时俱进,将自身融入数字时代的文化中,借助先进的数字科技,不断改善自己的工作方式,只有这样,才能完成"全民艺术普及"的历史使命。

浅谈全民艺术普及中的
残疾人社区文化活动

（南京市鼓楼区文化馆）

潘小千

作为现代公共文化服务体系的重要组成部分和全民艺术普及中的残疾人社区文化活动，它所倡导的"弘扬人道主义、鼓励自强不息、平等参与共享"的现代文化理念是与社会主义核心价值观、精神文明一脉相承的。因此，建立和推进完善的现代公共文化服务体系，积极开展并强化全民艺术普及中的残疾人社区文化活动，是各级党政机关、特别是文化部门责无旁贷的工作职责。这里面既要满足健全人的文化生活需求，更要兼顾保障残疾人的精神追求和文化权益；也就是说，要将提供和保障残疾人社区文化活动的开展，纳入现代公共文化服务体系总体建设和全民艺术普及活动中去组织、去落实。

据统计，江苏省现有各类残疾人约479万人，推进现代公共文化服务体系建设，开展全民艺术普及活动，不可忽略残疾人这一弱势群体。扎实、有效地提供和保障残疾人社区文化活动的开展，不仅是党和政府提出的要求，也是各级文化部门必须履行的职责，更是推进现代公共文化服务体系建设，开展全民艺术普及工作中所包含的工作目标和实施范畴，它体现并代表了广大残疾人朋友的迫切愿望和精神需求。

近年来，在党的创新理论指引和习近平总书记系列重要讲话精神的鼓舞下，各级政府高度重视全民艺术普及中的残疾人社区文化活动，文化部门更是不遗余力地调动各方力量,建设残疾人社区文化活动阵地、培育残疾人社区文化活动载体、打造残疾人社区文化活动品牌,促进残疾人社区文化活动开展,努力探索出一条"文化惠残、健残共享、符合残疾人特点和需求"的残疾人社区文化活动新路子。

一、强化基本属性,突出文化惠残

文化活动是人的基本需求之一,享受公共文化服务,是现代社会包括残疾人在内的每一个人理应具有的基本权利。它不应有任何地域、健残的差别,年龄、性别的界限,以及种族、身份的歧视,各级文化馆在推进现代公共文化服务体系建设,强化全民艺术普及中的残疾人社区文化活动时,应当充分体现出公益性、基本性、均等性和便利性,肩负着义不容辞的义务和责任。

公益性,即指政府提供的公共文化服务基本上是免费的或者是低于成本、收费很少的服务;文化馆是政府公益性事业单位,应充分发挥公益文化的主导作用,不断改善服务质量,提高服务水平,讲究最大社会效益,努力满足公众的精神文明需求。基本性,即指政府提供的只是基本文化服务,而不是所有文化服务;文化馆可以通过业务干部的专业技能,根据社区残疾人的文化需求,或艺术培训,或业务辅导,或扶持文化团队,以此来实现其文化需求的基本性。均等性,即指不分男女老少、不分富人穷人、不分城镇乡村、不分健全人残疾人都应平等地享受服务;只有让文化馆业务干部深入社区为残疾人进行更多地辅导,通过"扶文化""送文化""种文化",才能更好地达到城区街道社区之间、健残之间公共文化的均等性。便利性,即指公共文化服务要网点化;要在一定范围内设立公共文化活动场所,方便群众尤其是残疾人就近就便参加活动。

全民艺术普及的开展,既需要高端大气上档次的"阳春白雪"般的殿堂艺术,也要有全员参与、自娱自乐的"下里巴人"式的群众文化,特别是不可或缺的残疾人社区文化。这方面,南京市文化主管部门在具体实践中做得比较好。他们一方面采取"高、精、尖"的方法,聘请专家学者为区、街道残联、社区残协工作人员开设专题讲座和专业授课;另一方面通过从文化馆抽调骨干,安排精通业务的群文干部下街道为社区残疾人进行业务辅导的"短、平、快"形式,以点带面地传授残疾人喜爱的唱歌、跳舞、器乐、书画等文化艺术技能,使残疾人可以"足不出户"的在本社区文化场所开展活动;同时,还在"文化惠民百千万行动计划进社区""金陵五月风""渡江广场文化宣传月""白云亭公益剧坊周周演"等重大文化活动中吸纳助残元素,鼓励健残同乐,让残疾人在家门口就能"共享文化大餐、同受艺术洗礼"。另外,各区文化馆还应紧紧抓住每年的助残日、爱耳日、国际聋人节、盲人节、肢体残疾人日、特奥日等残疾人特定纪念日和节庆日机遇,主动协同各区残联组织开展好各类丰富多彩、形式多样的主题性活动,以此促进并带动了残疾人社区文化活动常态化、节庆化、多样化,努力让广大残疾人朋友切身感受到"处处闻乐声、时时见舞姿、迎着朝霞唱、伴着夕阳笑"的幸福生活,有效推动了艺术普及,真正做到了"文化惠残"。

二、完善组织机制,构建文化阵地

随着城镇化的推进,街道社区残疾人数量越来越多,他们由于居住集中且行动不便,参加文化活动亟须组织协调且需就近就便。因此完善残疾人文化服务组织机制,规划好、建设好"家门口"的文化设施、服务平台、多元载体,加速提高残疾人朋友的艺术修养,尽力提升残疾人朋友的艺术水平,显得尤为重要。

首先,应该完善组织机制。要将残疾人社区文化活动当成一项重要服务工作来抓。完善的举措包括"年初有计划,活动有预案,节目有策划,编排有档次,经费有保证",并且要由专人牵头负责落实。同时,要密切关注文化主管部门及文化馆(站)与各级残联、社区残协和五大专门协会等残疾人管理部门、组织机构的横向联系,形成"上下一条线,左右一个面"的文化格局。只有这样才能真正做到"残疾人文化进社区""残疾人社区文化活动在基层、在身边"的良性互动和基础稳固。而在构建活动阵地、平台载体方面,文化主管部门应该主动深入街道社区进行调查研究,详细了解和掌握残疾人需要什么样的社区文化活动项目,区域实地能够满足什么样的场馆阵地,业务人员能够提供什么样的专业服务……尤其是应该在因地制宜打造基层文化服务特色平台载体上多动脑筋,应该在努力形成区域地方文化服务品牌项目上多下功夫,以此不断满足残疾人社区文化活动的需求并提升其活动品质。

近年来,南京市鼓楼区文化局、文化馆与区残联紧密协作、共同携手,在上述几方面的工作实践中,通过构建"15分钟社区文化圈"的有益探索,开拓创新了"一街一品、一社一特"的工作模式,取得了可喜成效。特别是开展了创建石头城社区历史文化馆、颐和路"将军文化馆"、察哈尔路"延安精神"传承基地、青石村"无声瞬间"聋人摄影沙龙、妙峰庵特奥活动示范点、丁山社区"鼓馨盲人影院"、马台街社区"广夏美术馆"、颂德里社区"乒乓球博物馆"、下关体校羽毛球训练基地等一大批健残活动阵地,以及众多的社区盲人有声读物图书室、电子阅览室等一系列社区文化活动特色平台载体和品牌项目等活动,有力地支撑了残疾人社区文化活动的可持续发展和普及繁荣,在残疾人精神需求和文化生活方面发挥了不可替代的重要作用,为推进现代公共文化服务体系建设、开展全民艺术普及工作增添了靓丽的色彩。

三、调动积极因素,借力文化优势

推进现代公共文化服务体系建设,强化全民艺术普及中的残疾人社区文化活动,离不开社会方方面面的支持与参与,而在这股社会力量的洪流中,文化主管部门发挥着中流砥柱的作用,是主力军。以南京市为例:该市不仅具有机关院校集聚、经济科技发达、文化底蕴丰厚等特点,而且在这片沃土上生活着许多心灵手巧、才艺出众的优秀残疾人文化人才。他们身残志坚、乐观向上、大放异彩,勇于在不同领域展现自己的艺术天赋,施展自己的文化才能。

据报道,自党的十八大召开以来,南京市各级文化主管部门在推进现代公共文化服务体系建设,开展全民艺术普及和全方位免费开放公共文化服务设施的同时,大力着眼于挖掘与调动残疾人文艺人才的潜能量和创造力,积极引导、创新设立了专门的残疾人艺术人才储备库,定期为他们进行文化培训与业务辅导。通过这些创新,不仅让专家学者和群文干部以下街道进社区的方式为残疾人进行辅导,深化了现代公共文化服务体系的内涵,将艺术普及的功效作用广泛扩大开来,把文化馆的职能职责充分发挥出来,而且还将文化馆阵地文化活动与残疾人社区文化活动有机结合并完美统一起来,从而达到在推进现代公共文化服务体系建设和开展全民艺术普及活动中,丰富残疾人社区文化活动、培养残疾人文艺骨干分子、锻造残疾人特色文化团队的目标和作用,可谓一举多得、事半功倍。据了解,在南京市文广新局的关心支持下,玄武区文化主管部门主动投入大量人力物力,率先组建了在省内外享有盛誉的残疾人"九州艺术团"。据调查,目前全市每个区乃至街道都拥有自己的残疾人轮椅舞蹈队、健身舞表演队、聋人魔术杂技队、盲人合唱队、古琴表演队、戏剧曲艺队等残疾人群众性文化团队。这些文化团队在文化馆业务干部的帮助下,常年活跃在街道社区及残疾人中间,经常性地开展残疾人喜闻乐见的社区文化活动,极大地丰富了残疾人的精神文化生活。同时,各级文化馆还主动联手残疾人五大专门协会,充分发挥残疾人协会的"娘家"作用,以街道社区残疾人专职委员为主成立了各种残疾人社区文化活动队伍。其中在轮椅表演队、歌咏表演队、古琴表演队、艺术团成员中残疾人专委人数所占比例分别在75%、85%、90%、95%以上,形成了独特的城区残疾人专职委员"文化现象",有力地提高和推动了全市残疾人社区文化活动的水平和发展。通过以上事例,充分展示了文化主管部门大力宣传的"健残共融"文化理念,积极探索着把残疾人从家庭的封闭状态中吸引出来,以他们爱好的、感兴趣的新思维、新方式、新途径,融入社区、融进社会、融汇到中华民族的大家庭里,努力实现自信、自尊、自强、自立的最终目的。

当前,全国上下正朝着"全面实现小康社会"的目标负重奋进。要小康,必须是全体健残人群的大小康;要幸福,必须是全体健残人群的大幸福。而推进现代公共文化服务体系建设,强化全民艺术普及中的残疾人社区文化活动,就是一项以提升残疾人幸福感、满意度为支撑的"文化惠残"民心工程;就是一条通过全体文化馆人共同努力与广大残疾人群积极参与,使残疾人群真切感受到社会进步和各界关爱的康庄前程;就是一座中华民族浩瀚的文明史、亿万人民幸福生活中的崭新丰碑。

社区艺术教师志愿者在全民艺术普及中的作用

（南京市秦淮区文化馆）

李玲丽

> 大力弘扬志愿服务精神，创新服务内容、工作方式和活动载体，探索具有地方或行业特色的文化志愿服务模式。活跃群众文化生活，积极开展全民艺术普及。

党的十八大报告鲜明提出，要深化群众性精神文明创建活动，广泛开展志愿服务，推动学雷锋活动、学习宣传道德模范活动常态化。秦淮区文化馆大力弘扬志愿服务精神，创新服务内容、工作方式和活动载体，探索具有地方或行业特色的文化志愿服务模式。活跃群众文化生活，积极开展全民艺术普及，鼓励群众自办文化，支持成立各类群众文化团队。通过组织示范性展演等形式，为民间文化队伍提供展示交流的平台。

社区艺术志愿者是在新形势下为开展全民艺术普及，提高群众性文化活动水平，巩固基层文化阵地，促进在全社会形成积极向上的精神追求和健康文明的生活方式而成立的一支特色志愿者队伍。我们动员组织艺术家、非遗传承人等社会知名人士参加志愿服务，提高社会影响力。建立"结对子、种文化"工作机制，推动专业艺术院团、艺术院校等到基层教、学、帮、带，建立志愿服务下基层制度。加强对文化志愿队伍的培训，提升文化志愿者的服务意识、服务能力和服务水平。对于播种社会主义先进文化、推动社会主义精神文明建设末端落实，具有十分重要的推动作用。

近年来,秦淮区文化馆在南京社区艺术教师志愿服务中心的指导下,以社区文艺志愿服务为抓手,不断创新社区志愿服务工作机制和活动运行机制,努力探索,走出了一条从"送文化"向"种文化"转变的新路子。目前,中心服务项目涉及声乐、器乐、舞蹈、绘画、摄影、戏曲、朗诵、书法、民间艺术等9个门类,累计招募、注册社区艺术教师志愿者68人,结对社区46个,组织志愿者进社区辅导1250场次,服务时间3500小时,受益群众5万人次。多名志愿者被评为"江苏好人""南京市好人"称号。工作实践中,有几点体悟。

一、人才是基础,依托社区打造过硬志愿者队伍

充分发挥社区地处一线、紧贴基层的优势,积极拓宽人才选拔方式和途径,依托社区构建起一支规模适度、素质全面、业务精湛的志愿者队伍。志愿服务经过2013年打基础,面向社会、专业协会招募艺术教师志愿者;2014年积极探索逐步推进,通过有针对性地在南京艺术院校定向招募、社区文艺团队会商招募、网络招募、活动现场报名等方式,进一步充实艺术教师志愿者队伍。一是组织定向招募。每年9月,大中专院校新生报到,积极与当地高校、艺术类院校(系)联系沟通,提出招募需求,制订招募计划,营造招募氛围,周密组织实施,确保志愿者队伍始终血液新鲜、朝气蓬勃。去年,中心多次与南京艺术学院和南京师范大学有关院系联系沟通,进行定向招募。二是拓大社会招募范围。社会化招募是定向招募的重要补充,最大限度地扩大招募范围,从而吸纳优秀人才,来提升团队综合素质。这几年,中心通过社会招募、网络招募、活动现场招募及志愿者推荐等多种形式和途径招募艺术教师志愿者,并取得了较好的效果。如,艺术教师志愿者吕战平推荐的志愿者,在淮海路社区教授辅导器乐,填补了中心辅导的艺术门类空白,受到社区领导和学员的好评。在秦淮之夏团队展演活动现场,有多人报名要求加入艺术志愿者进一步壮大艺术教师志愿者队伍。三是编织网格招募。通过"秦淮文化"微信公众号的宣传平台,招募艺术教师志愿者。

二、能力是前提，多措并举提高志愿者综合素质

坚持把志愿者能力素质作为提升工作质量效益的重要抓手和突破口，采取多种途径深化教育培养。一是抓岗前培训。把培训与上岗挂起钩来，坚持先培训后上岗，不培训不上岗，确保志愿者熟悉情况早、进入情况快，迈好头三脚。培训内容上，突出抓好基础知识和业务知识的穿插结合，既兼顾普遍性，又确保专业性。2015 年，先后举办两期艺术教师志愿者岗前培训班，邀请行业专家讲授《志愿者礼仪规范与沟通艺术》，邀请社区优秀艺术教师志愿者介绍自己参加志愿服务的经验和体会，多名新招募的艺术教师志愿者参加了市文明办举办的艺教志愿者培训班。二是抓业务深化。重点抓好普及率较广专业的培训深化，以大带小，以面促点，带动志愿者队伍整体素质提升。2015 年，举办舞蹈培训班，进行舞蹈骨干的系统业务培训。专家拟定了详细的培训课程，对学员进行舞蹈基础培训及拓展培训。为学员们营造出一个温馨、和谐的学习交流环境。三是抓岗位锻炼。岗位是最好的学校，工作是最好的学习。引导志愿者在岗位上检验理论，深化理论，促进学习效果向实际能力转化。市文明办志愿者处将辅导合唱团的任务交给了声乐专业的艺术教师，短短 1 个小时的训练，教会团员们学唱志愿者之歌《最爱梧桐叶》，取得了宣传、传唱志愿者精神的效果。

三、服务是关键，在任务拓展中砺队伍、强业务

注重与社会各方强化合作，借助社会各方资源、各方力量拓展社区艺术教师志愿服务工作，积极践行服务宗旨和理念，达到很好效果。一是向社会活动拓展。充分利用社会民间团体组织文化活动时机，积极参与锻炼，展现良好形象。2015 年 12 月份，我们与南京市工会、南京市演艺集团共同举办的"职工星舞台"职工文化暨艺术教师志愿服务成果展演"活动，向大家展示了艺术教师志愿者的风采。二是向友邻单位拓展。2015 年，与秦淮区残联共同主办了"弘扬志愿精神，携手圆梦艺术"和第三十个"国际志愿者日""2015 年社区艺术教师志愿者服务成果展演"活动，

其中有合唱、锡剧演唱、戏曲联唱、白局说唱，还有舞蹈、民乐合奏、朗诵等多种艺术形式，真是百花齐放，满台芬芳。社区艺术教师志愿者用自己的辛勤耕耘，让艺术走进了社区，在群众中生根、发芽、开花。三是向高端智库拓展。旨在提高艺术教师志愿服务工作发展力。邀请社科专家用理性思维帮助中心总结经验，探讨、商定研究课题，将实际工作上升到理性高度，找出规律性认识为社区艺术志愿服务可持续发展出谋划策。结合贯彻"十三五"规划，研究探讨中心下一步如何运作，如何创新发展、品牌发展，为以后的文化惠民项目可持续发展走出一条路来。

四、制度是保障，努力健全完善各项制度机制

配套完善的制度机制是推动和保持志愿者活动持续稳定发展的重要保证。一是建立计划服务制度。用计划牵引服务、推动落实、促进实效。大项活动开展前，组织相关单位和人员精密制订实施计划和方案，对服务的要求和标准做出明确和规范的指示。服务过程中，要求志愿者对所服务的社区填写《志愿者服务计划表》，对服务对象、内容、课时安排、进度详细说明，保证服务不走过场，不流于形式。活动结束后，根据对照计划流程表，同步检验计划落实力和制定科学性，为下一步工作积累实践性较强的指导依据。二是建立量化管理制度。为每名志愿者建立个人工作档案，量身制定个人工作发展计划，制作文化服务记录簿，留存辅导图片资料，做到"有活动，有记录"，并将所有记录转化为量化积分，作为工作检查的重要依据，用数字化精确管理替代传统模糊定性管理，提升管理效能。三是建立通报表彰制度。每年遴选一批优秀志愿者，在公开场合、公开媒体大张旗鼓通报表彰，既提高志愿服务的社会影响力，赢得社会支持度，更在很大程度上提高志愿者服务工作积极性，促进志愿者服务工作持续向好。

五、弘扬志愿精神，尽心艺术辅导

秦淮区社区艺术教师志愿者向社会承诺"以己之长，尽己所能，不计报酬，帮助他人，提升自己，服务社会"。

　　紫金博爱艺术团是秦淮区文化馆为生活在特殊群体的音乐爱好者们搭建的艺术平台,该艺术团的聋哑人舞蹈队的志愿者是年逾70的潘向东老师,她亲切地与队员们交朋友,每周二下午按时来到排练厅,以特殊的方式热心地为他们编排舞蹈。

　　梅韵锡剧团是江苏省文化厅授予的"江苏省群众文化特色团队"称号。团长吕战平甘当志愿者,带领骨干在瑞金新村、淮海路等社区成立了表演队,传授锡剧表演。他们结合社区的需求,利用本团的资源,为淮海路社区成立"雅韵民乐团",吕战平及副团长李菁定期到社区任教。

　　白局代表性传承人徐春华加入了志愿服务队伍,以普及非遗文化为目的,培养白局爱好者。

　　瑞金北村的诗歌沙龙是文化馆在社区开展的一项特色文化活动,文化馆的老师吴健作为志愿者在社区定期开展活动,吸引了众多的诗歌爱好者。

　　志愿者王琦服务两个社区的舞蹈队,她结合队员年龄大、基础差等实际情况认真备课,制订辅导计划,耐心、热心、认真地编排舞蹈,受到舞蹈队员的欢迎和赞誉。

　　南京钟山昆歌昆艺发展中心以十多年的努力,发掘、推广了现代"昆歌",以昆曲的原则、元素及方法演唱。他们自编教材,由志愿者在社区免费辅导排练演唱。

　　艺术教师志愿者以自己的实际行动为建设南京志愿之城默默奉献,他们的服务精神受到社区的欢迎和好评。

六、志愿服务见成效,全面普及结硕果

　　艺术教师志愿者的社区服务已经取得了可喜的成果,他们的热心服务、辛勤付出让那些热爱艺术的普通人站在了舞台上,圆了一个艺术之梦。志愿者用自己的艺术专长无偿为社区的文化团队进行艺术辅导、志愿服务,这是创新艺术普及的方式,充分利用社区设施、场地、资源优势,通过对基层业余文艺团队的培训,以点带面引导群众文艺团队发展。对积极开展全民艺术普及活动,提高全民艺术素质有着十分重要的推动作用。

浅谈文化馆数字化建设
与全民艺术普及

（南京市高淳区文化馆）

傅玲玲

　　文化馆是由国家设立的公益性全民所有制机构，是我国公共文化服务体系建设的重要载体，对宣传社会主义文化、普及科学文化知识、实现群众基本的文化权益有着极其重要的作用。结合当前信息化、数字化的时代背景，将文化与现代科技、计算机网络技术、数字技术有机结合则是公共文化科学发展的一个必然走向。因而，文化馆的数字服务平台的建设不仅是一种新型的服务方式，更是在网络背景下创新公共文化服务的一项重要课题，利用数字化建设积极开展全民艺术普及工作，是文化馆的重大责任和历史使命。

　　当下的我们正处于一个高新技术和新兴产业加快孕育、融合变革的时代，以大数据、云计算、物联网和4G移动网络为主要标志的新一代信息技术发展迅速，日益成为推动社会、经济、政治和文化等各个领域发展的强大动力，所以数字服务平台的建设便成为文化馆发展的一个新目标。

一、社会发展需求

　　随着数字时代的来临，知识大爆炸式的增长，持续教育和终生学习已经成为每个公民的基本需要；电脑、手机等已经变成主要的信息获取手段。实体、固定的文化服务点已经不足以满足数字时代人民群众的精神文化需求,多展现形式的数字文化馆建设是文化馆顺应时代发展的必然趋势。互联网带给人类的好处可谓数不胜数,它的出现是现代社会进步、科技发展的标志。现代意义上的文盲不再是指那些不识字的人,而是不懂电脑脱离信息时代的人。在科学不发达的古代,人们曾幻想要足不出户,就晓天下事,如今信息技术高速发展已将此幻想变为了现实。网络可以开阔我们的视野,给我们提供交流、交友的自由化,让我们知道要不断地求新。

二、国家相关政策

近年来,文化部、财政部共同组织实施了全国文化信息资源共享工程(以下简称"文化共享工程")、数字图书馆推广工程和公共电子阅览室建设计划,并取得积极进展,为"十二五"时期的公共数字文化建设奠定了基础。公共文化服务体系建设作为新时期建设社会主义文化强国、推动社会主义文化大发展大繁荣的重要战略任务,进入了整体推进、科学发展、全面提升的新阶段。作为我国公共文化服务体系的文化服务机构,文化馆应进一步加强文化与科技的融合,在更高的水平上发展公共文化现代传播体系,实现文化资源的全民共享,进一步满足人民群众日益增长的精神文化需求。

三、工作职责所需

文化馆是开展社会宣传教育,普及科学文化知识,组织辅导群众文化艺术活动的综合性文化事业单位和活动场所;坚持党的基本路线,坚持"二为方向"和"双百方针",弘扬中华民族优秀传统文化,丰富群众的精神文化生活;运用各种文化艺术手段,组织群众寓教于乐;开展文化阵地活动,丰富群众业务文化生活;辅导、培训群众文化系统的在职干部及业务文艺骨干,为国家和社会培育人才;组织、辅导和研究群众文艺创作,开展群众性文艺创作活动;搜集、整理、保护民族民间文化艺术遗产,建立健全群众文化艺术档案。

在现在信息迅速发展的社会,单一、滞后、封闭的传统文化服务模式已经无法适应人民日益增长的物质文化需要,加之党的十八大提出"建设社会主义文化强国"的目标,因此,我们需要对当前和今后一段时期的公益性数字文化服务体系建设做出新的部署。文化馆工作已经不能停留在以前的传统模式,需要改革创新,公共文化服务要得到实质发展,应当跟上时代的步伐,以全新的管理理念来发挥其应有的职能,而数字化建设正是创新公共文化服务中的一个重要突破,也是一项紧迫的任务。

以高淳区文化馆为例,现有工作人员 20 名,平均年龄 36 岁,日趋年轻化,根据时下潮流,互联网已成为生活中必不可少的一部分,通过文化馆数字化建设进行全民艺术普及给广大群众带来更先进、更广泛、更便捷的公共文化服务。文化资源得到广泛的利用,受益群体也得到有效扩展,最后做到让"每家每户都拥有一个文化馆"。

2015 年 1 月,中办、国办印发了《关于加快构建现代公共文化服务体系的意见》,《意见》要求"积极开展全民艺术普及"。开展全民艺术普及,这是党和政府在新时期交给文化馆的一项重要任务,也是文化馆不可推辞的重大责任和历史使命。我馆利用数字化建设的平台积极开展全民艺术普及。

首先,运用数字化多种途径方式进行艺术知识普及。

21 世纪,互联网正在深刻地改变着我们的生产、生活,也悄悄地改变着"文化"的产生、传播和发展路径。作为一名培训工作者,以前都是手写海报、通知,宣传都是靠扩音器、喇叭等,慢慢地不知从何时起,那些散发着油墨香气的铅字变成了 jpg 文件、微信公众号和链接,藏身于我的电脑甚至手机里。一切的宣传都是通过互联网来传达信息,变得更方便快捷。

我馆常年开设免费的艺术培训项目,有舞蹈、绘画、书法、器乐等 30 多个培训,教学老师基本都是外请,每期报名家长要提前登记排队,然后根据张贴的海报内容进行报名,以免人数满额报不了,给家长带来不便也增加工作人员的工作量。文化馆通过网站设立"艺术培训"板块可以及时发布公益艺术培训信息,展示艺术培训成果。家长可以登录查看公益培训班有哪些课程、哪些老师教的、什么时候开始报名等,根据培训项目、人数，直接进行网上报名，我们工作人员就很方便地看到报名的情况，网页上设立"你问我答"实时回复家长的各种问题，节省了家长来回奔波的时间。同时，我们也可以将每个艺术培训项目的内容通过文字、图像、音频等方式做一个简单的介绍，让家长一目了然并为自己孩子选择合适的培训班。每期课程结束会及时上传学员们的上课情况、作品及毕业照，家长们点击鼠标随时都能看到想知道的信息。

我们不仅设置网站，还设立微信公众号，做到信息及时推送，如开课、放假、停课等通知，看到信息家长能及时安排其他事宜也能相互通知，以前都是纸质通知单，信息一多，整个教室门口都贴不下，有些家长不注意就会漏看，或者看完忘记了，这样既避免贴完就扔的浪费现象也可以起到提醒的作用。微信公众号平时会推送一些培训班举办的活动资料，传达有关艺术培训的知识，还有优秀学员的成果等，这些宣传让艺术知识变得普及，艺术培训变得丰富，培训学员变得快乐，数字化平台也给我们的培训管理工作带来了便捷。

高淳区文化馆现在每期培训人数 900 多人，学期结束都会举行汇报演出，以前我们都是把拍摄好的视频制作成 DVD 发给每个学员留念，或者由家长用 U 盘直接拷贝，渐渐地发现这项工作很烦琐，工作量也很大。就以暑期举办的中国舞专场汇报演出为例，参加表演人员 260 人，需要 260 张光碟，每张碟刻录需花 15 分钟左右，一台电脑一天工作 8 小时刻碟，总计 32 张，算下来要工作 8 天，这样的传统方式耗时耗资耗力，而通过文化馆数字化平台把视频传上网，只需把一个链接发给家长，他们能即时观看、下载，也能让家里的亲戚朋友欣赏到自己孩子的风采。

现在我馆的培训学员、家长，不论年轻的还是中年的都会使用微信、登录网站，无形之中也普及了他们的网络意识。艺术培训班通过数字化平台让学员、家长们了解艺术培训知识，通过各种途径向全民进行艺术知识普及，也让周围的人知道且来了解，慢慢地对艺术产生兴趣。

其次，开展成人技能类培训班，让全民参与实践。

我馆现在拥有师资资源、设施场地资源、数字化平台资源，随时能广泛开设普及性的成人艺术技能培训班，包括：非遗项目、成人书法、成人舞蹈、器乐、化妆等。现在我馆培训班学员主要以少儿为主,成人居少,每次自己孩子在上课时,家长就只能休息等待,所以我们利用这些时间段同步增设成人项目。2015年暑期免费开设了成人民歌培训班,参加人数85人,其中有9位爱好者一直在学习,现已为这些民歌爱好者进行录音、录像,建立艺术档案,并将他们逐步培养成民歌传承人。高淳民歌源远流长,自古以来就是非常有名的民歌之一,形式多样,曲调丰富,内容广泛,均来自田野劳作之时,是劳动人民通过自由想象即兴演唱、愉悦身心的。通过举办民歌培训班,不仅普及了我区非物质文化遗产知识,还可以培养传承人。免费或者优惠的艺术培训教学和辅导,能够满足不同群体不同阶段的艺术培训需求,让更多的人多一项艺术技能,多一份艺术知识,多一个艺术梦想。

以前的老百姓只知道文化馆是唱唱跳跳、写写画画搞艺术的,但是不知道具体是做什么的,甚至都不知道文化馆的具体位置,关注度也不高。随着时代的发展,文化馆及时准确了解和掌握群众文化需求,制定公共文化服务,提供目录,积极开展"菜单式"服务,享受从线上到线下的文化配送,把各种文化资源整合上网,向市民提供一站式文化服务,做到"线上下单、线下体验、服务到位"。文化馆不断向广大群众宣传文化馆实施的惠民政策,引导他们参与到文化馆的文化活动中来,从而更方便地享受我们的文化服务,使全民随时随地可以获取自己所关心的文化资料、艺术知识,丰富和活跃城乡人民的文化生活,能够实现真正意义上的全民共享、全民普及。

文化馆开展全民艺术普及应关注的几个问题

（南京市高淳区文化馆）

姜清英

2015 年，中办、国办印发了《关于加快构建现代公共文化服务体系的意见》，《意见》要求"积极开展全民艺术普及"。全民艺术普及，就是要全面提升市民文化艺术素养和审美水平，让艺术全面融入人们的日常生活。开展全民艺术普及，是党和政府在新时期交给文化馆的一项重要任务。笔者结合文化馆具体工作情况，简要地阐述了文化馆开展全民艺术普及应关注的三个问题。

2015 年 1 月，中办、国办印发了《关于加快构建现代公共文化服务体系的意见》，《意见》要求"积极开展全民艺术普及"。同年 10 月 30 日至 11 月 1 日，以"全民艺术普及——文化馆的责任与使命"为主题的 2015 年中国文化馆年会在重庆国际博览中心开幕。笔者有幸参加了本届年会活动，主题论坛上名家们的精彩阐述、直观展示文化馆公共服务发展的专题展览都让我记忆犹新。

全民艺术普及，就是要全面提升市民文化艺术素养和审美水平，让艺术全面融入人们的日常生活。开展全民艺术普及，是党和政府在新时期交给文化馆的一项重要任务，也是文化馆的社会职责和历史使命，为了更好地凸显文化馆在全民艺术普及和公共文化服务中的突出地位。下面我们来简要地探讨一下文化馆开展全民艺术普及应关注的三个问题。

一、全民艺术普及的特点

全民艺术普及最大的特点就是公益性。文化馆开展全民艺术普及一定要坚持公益性原则，为广大人民群众提供公益性、基本性、均等性、便利性的公共文化服务，不断满足人民群众日益增长的精神文化需求。近年来，随着免费开放的深入推进，高淳区文化馆将小剧场、展览厅、舞蹈房、书画辅导室等向群众零门槛开放，开设的各类艺术培训班、公益讲座、公益展览，不分年龄、不分男女、不分普通百姓还是政府官员，都能平等地享受我馆免费提供的艺术普及活动。培训项目设置考虑到不同年龄层次的人群，开设了对号入座的少儿班、成人班、老年班。为了方便群众最大限度地参加艺术普及活动，我馆实行了错时开放，提前公示免费开放项目、内容、时间，白天侧重为老年人服务，晚上为成年人服务，双休日主要针对少年儿童开设艺术普及项目。为了服务弱势群体、留守儿童和广大农民朋友，我馆利用文化馆总馆优势，整合全区文化资源，重心下移、服务下移，组织馆艺术团队深入敬老院、福利院、农村开展送文化下乡。高淳是南京非遗富矿区，我馆在建设现代公共文化服务体系时充分利用非遗资源，利用区重大节庆、民俗活动将我区传统民俗活动中表现的"天下太平""忠孝节义""天人合一"等思想，以及家规、家训、家风等传统教育，具体融入推进现代化建设、生态文明建设中，和社会主义核心价值观相对接，打造全民参与非遗惠民活动，以增强社会发展的精神驱动力。

全民艺术普及的另一个特点就是以点带面。开展全民艺术普及活动，文化馆要负责牵头组织、有效引导，采取以点带面、以少带多、以强带弱的方式，充分发挥文艺骨干和文化志愿者的作用。高淳是南京市最边缘的一个区，人口43万。文化馆现有在职人员18人，要实现对我区广大群众艺术知识、艺术欣赏、艺术技能、艺术精品、艺术活动普及的目标，一定要发挥文艺骨干和文化志愿者的力量。就以现在最流行的广场舞来说，各个社区广场、每一个自然村都有广场舞，每支队伍都有核心人物；群众自愿组织成立的戏曲社团、合唱艺术团，还有书协、美协和摄影家协会的负责人，他们都是热爱艺术、拥有一技之长的群众一员。他们分布在各行各业,有的是老师、有的是公务员、有的是退休老人。但他们都有共同的特点,即具有"奉献、友爱、互助、进步"的志愿精神,在群众中非常有号召力,在群众活动中积极主动、不计条件和报酬。文化馆作为公共文化服务领域的组织者和实施者,一定要发挥文艺骨干和文化志愿者的带头示范作用,同时要对他们进行针对性的艺术培训,提高他们的活动能力,以提升艺术普及的受众面和群众参与率,使广大群众接触艺术、了解艺术、热爱艺术,使全民艺术普及活动深入基层,服务百姓。使广大群众通过参加丰富多彩、健康向上、寓教于乐的文化艺术普及活动,提高审美水平,从而促进全社会形成积极向上的精神追求和健康文明的生活方式,达到全民艺术普及的目的。

二、"互联网+"的运用

互联网正在深刻地改变着我们的生产、生活,同样也在改变着文化的产生、传播和发展路径。外出办事、旅游,吃住行的安排,异地风土人情的了解、地域文化艺术的欣赏,只需通过手指点开相关链接即可实现。互联网的运用,对于公共文化馆服务的发展带来了机遇和挑战,文化馆要充分发挥"互联网"新媒体等技术服务方法,助力全民艺术普及。

高淳区文化馆网站虽然为广大群众提供了一个足不出户就可尽享文化服务的"虚拟"文化馆,我馆开展的免费开放信息、公益培训、公益展览、非遗介绍、群文活动安排及活动视频等,群众随时点开文化馆网址,就可不受时间、空间限制,以自己爱好参与文化馆各类活动,尽情享受艺术带来的乐趣。而今随着微博、微信和公众号的普及,"互联网+"的运用给我们提供了超越任何传统媒体的高效和便捷的传播方式。记得2006年首届高淳区群众文化才艺大赛,当时宣传形式依靠拱门、横幅、宣传海报、报纸、电台。今年我区举办的第六届群众文化才艺大赛,大赛前期宣传、报名、赛事安排及规则、比赛花絮、晋级名单等事项都能及时准确地从高淳区文化馆网站、微博、微信公众号平台了解掌握,极大地提高了本届大赛的格局和影响力。比赛阶段,全区广大群众津津乐道赛事的精彩,现场啦啦队借助手机拍摄美图秀秀制作的选手参赛相册在朋友圈迅速传播、点赞,提升了大赛的参与感,扩大了艺术普及面。文化馆面对"互联网+"时代的到来,一定要积极融入公共数字文化体系,运用互联网思维,探索文化馆数字化途径与模式,提升文化馆全民艺术普及的服务效能。

三、全民艺术普及的核心

开展全民艺术普及,一方面,有利于更好地保障人民群众的基本文化权益;另一方面,则有利于充分发挥艺术的功能,引领时代风尚,鼓舞人民前进,推动社会进步。

王宝强婚变事件引发了媒体铺天盖地的报道,也成了广大群众茶余饭后谈资,而同一时期8月15日,是二战日本投降日,是中国以牺牲了几百万军人、伤亡3500万人口的巨大代价换来的胜利,如此重大事件,各大型门户新闻网站只字不提;一些孩子为了见到偶像,可以不远万里,放弃学业,而他们的人生目标也不再是当科学家,而是当明星,希望一夜成名实现名利双收。这一切现象的存在,都是因为价值观的导向出了问题。党的十八大提出了"三个倡导":倡导富强、民主、文明、和谐;倡导自由、平等、公正、法治;倡导爱国、敬业、诚信、友善。"三个倡导"从国家、社会、个人三个层面提出要求,是社会主义核心价值体系具体化,是对民族精神、时代精神,以及爱国主义、集体主义、社会主义的具体注释,是加强公民道德建设的首要前提。因此,文化馆开展全民艺术普及的核心就要大力弘扬、培育和践行社会主义价值观。

文化馆是国家设置的公益性文化机构,作为党和政府密切联系群众的文化纽带,是群众文化工作的主力军,开展全民艺术普及,是我们文化馆人肩负的一份社会责任、义务和历史使命。一是我们要用积极主动的态度学习习总书记重要讲话精神,不断提高文化自觉,把培育和践行社会主义核心价值观贯在穿群众文化活动中,广泛传播普及,使核心价值观人人皆知,深入人心。二是我们文化馆人要努力转变服务观念,要以人民为中心,以社会主义核心价值观为引领,发展先进文化,创新传统文化,扶持通俗文化,引导流行文化,改造落后文化,抵制有害文化,巩固基层文化阵地,培育积极健康、多姿多彩的社会文化形态。三是文化馆要坚持共建共享。利用单位法人治理,理事会机制,发挥社会参与力量,加强统筹管理,建立协同机制,明确责任,优化配置各方资源,深入开展全民艺术普及、全民阅读、全民健身、全民科普和群众性法治文化活动。利用数字文化资源开展"菜单式""订单式"服务,建立"结对子、种文化"工作机制,推动艺术普及进家庭、进社区、进校园、进农村、进企业、进机关。以群众文化需求为导向,以特色文化活动为抓手,把文化馆打造成宣传社会主义核心价值观的主阵地、满足群众公共文化服务需求的载体、全民艺术普及推广的大学校、群众文化艺术交流展示的大舞台。

四、结　语

开展全民艺术普及,提高群众文化素质,满足群众日益增长精神文化需要,已成为时代发展趋势,文化馆必须把握好公益性这个方向,发挥"互联网"新媒体等技术服务方法,努力探索开创公益性群众文化工作新路子,开展更多、更好、更丰富的艺术普及,弘扬社会主义核心价值观,实现文化大繁荣、大发展。

刍议群文工作效能与全民艺术普及

（南京市雨花台区文化馆）

於　娟　　郭慧敏

随着市场经济的发展，人们物质生活得到极大满足，人民群众对精神生活的需求也日益强烈。群众文化作为一种面向大众的，具有广泛性、易参与性的文化艺术形式，越来越受到人们的喜爱。基层文化馆是组织、辅导人民群众开展群众文化艺术活动的重要文化机构，具有丰富业余文化生活、陶冶社会主义道德情操、培养提升文化艺术修养的重要作用。本文从当前文化馆群文工作效能入手，阐明了文化馆群文工作效能对全民艺术普及的重要意义，并对文化馆工作人员在全民艺术普及工作中应具备的素质进行研究。

2015 年 1 月，中办、国办印发了《关于加快构建现代公共文化服务体系的意见》（以下简称《意见》），以及附件《国家基本公共文化服务指导标准（2015—2020 年）》（以下简称《标准》），这不仅是落实十八届三中全会《决定》提出的"构建现代公共文化服务体系"改革任务的重大举措，也是推进国家治理体系和治理能力现代化在公共文化服务领域的具体体现，对于促进基本公共文化服务标准化、均等化，保障和改善文化民生，提高文化治理能力具有十分重要的意义。可以说，开展全民艺术普及，是新时期党和政府交给文化馆的一项重要任务，也是文化馆义不容辞的使命。

基层文化馆是组织、辅导人民群众开展群众文化艺术活动的重要文化机构，具有丰富业余文化生活、陶冶社会主义道德情操、培养提升文化艺术修养的重要作用。群众文化活动是一种真正面向广大群众的文化，具有包容性，反映时代精神，接纳包容了许多新的文化元素。它同时具有强容性和传承性两大特点。它在活动内容上推陈出新，讴歌现实生活的文化传承性，对民间、民俗文化的充分利用，使它继承了传统文化的许多形式和精神。所以，一个民族的文化，凝聚着这个民族对世界和自身的历史认知和现实感受，积淀着这个民族最深层的精神追求和行为准则。群众性文化活动已融入政治、经济、社会、生活各个领域，对内凝聚了力量，鼓舞了斗志，激发了群体的热情和智慧，形成了无形的生产力；对外树立了形象，展现了风貌，成为人们关注的焦点和卖点，为文化生产力的拓展和延伸创造了条件。群众文化活动不仅仅用来抒发人们内心的激动和喜悦，彰显经济繁荣、社会安定、人民安居乐业的精神风貌，而且已成为社会实践的主体，起到了政治释放器、经济助推器、社会调和器的作用，在政治经济社会生活各个领域产生了广泛而深刻的影响。

一、当前群众文化发展现状分析

近年来，群众文化正以极其迅猛的势头蓬勃发展着，群众文化作为文化的一个重要组成部分，对促进物质文明、精神文明及政治文明建设起着重要的推动和促进作用。文艺搭台，经济唱戏。文艺为地方经济建设起到了桥梁和纽带的作用，以社区文化、广场文化为主，以提高市民文化素质和城市文明程度为目标，开展了许多形式各异、特色鲜明、适合广大人民群众需要的群众文化活动，同时也再次验证了文明、健康、时尚的群众文化活动的确是我市精神文明建设的催化剂。群众文化对于促进社会进步、推动两个文明建设的卓越作用正日益显现。

二、群众文化工作重要功能分析

第一，群众文化工作起到主体导向作用。通过群众喜闻乐见的文艺形式宣传党的方针政策、解读国家法律法规，用健康的文化主导城乡思想文化阵地，让受众在欢乐的氛围中得到知识得到教益。

第二，群众文化工作起到凝心聚力的作用。《国家"十一五"时期文化发展规划纲要》中描述："文化的力量,深深熔铸在民族的生命力、创造力和凝聚力之中,是团结人民、推动发展的精神支撑。"文化越来越成为民族凝聚力和创造力的重要源泉,文化的凝聚力是不容置疑的。

第三,群众文化工作起到具有弘扬正气作用。古希腊思想家柏拉图说过:"让我们的青年们像住在风和日丽的地带一样,四周的一切都对健康有益,天天耳濡目染于优美的作品,像从一种清幽境界呼吸一阵清风,来呼吸他们的好影响,使他们不知不觉地从小就培养起对美的爱好,并且培养起融美于心灵的习惯。"近年来,随着经济的发展,有些人精神空虚,无所事事,沾染一些不良风气,严重影响了我国的精神文明建设。而群众文化活动是根治歪风习气、营造乡风文明的一剂良药。

第四,群众文化工作对经济起到助推作用。当今的经济是文化经济,文化已深深融入经济之中,成为社会生产力的重要因素和经济增长的重要推动力,经济发展越来越依赖于文化的支撑,这已经成为经济发展的一大趋势。当文化被呵护、传承,经济的发展也就注入了强劲的活力。随着经济的发展,多元经济形式的出现,有力地促进了社会文化的发展;而社会文化的发展又有力地推动了区域经济的发展,形成了文化与经济互动互补、协调发展的良性循环。群众文化活动的鲜明导向性和巨大复合效应,不仅仅发挥了教化、娱乐功能,而且对政治、经济、社会发展产生了不可估量的作用。

第五,群众文化工作在我国传统文化传承中发挥重要作用。许多民族文化精品在广场文化、民俗文化等群众性文化活动中,像传递接力棒一样被保留了下来。改革开放之前,在长时间的文化禁锢和人为破坏中,群众文化活动无踪迹可寻,民族文化精粹几近消失殆尽。河北梆子、曲艺和杂技、大型民族歌舞等精彩的剧目,以其公益性、开放性的特点,打开了群众欣赏高雅艺术的大门。

三、群文工作效能在全民艺术普及工作中的作用分析

按照积极健康、丰富多彩、服务人民的要求,大力开展群众文化活动,对于我国全民艺术普及工作具有重要意义。群文工作是一种真正面向广

大人民群众的工作,群文工作受众的广泛性决定了其在全民艺术普及工作中具有主导地位。文化馆作为政府职能部门,处于群文建设的最底层、最前沿。在文化建设领域起着政府和群众之间的桥梁作用、组织和实施群文活动的枢纽作用,以及专业研究、创作、普及与提高群文活动规模和活动水平的重要作用。当下,究竟如何发挥文化馆群文工作职能作用,为全民艺术普及保驾护航,为当地的经济发展、社会进步、精神文明建设做出贡献,是我们广大群文工作者认真考虑的一个问题。

第一,统一思想,提高认识,增强群文工作者的使命感和责任感。

社会主义进入新时期后,广大人民群众对于精神文化生活的需求日益增长,在多元化文化并存的当今社会,在外来文化不断入侵的今天,承担先进文化传播和引导的文化馆作用尤为重要。如果不用先进的文化理念和健康向上、丰富多彩的群众文化活动来占领社会主义这个大舞台,那些庸俗、低级、腐朽的文化思想就会侵入我们的生活,危害着我们的心灵,危害着我们的社会。文化馆工作人员应站在时代的前列,认清形势,开拓进取,按照政府赋予我们的职能,大力开展当地的群众文化活动,提升城市的文化品位,丰富群众的业余文化生活,为当地的社会进步和经济发展做出应有的贡献。我们群文工作者要增强使命感和责任感,使文化馆群文工作效能充分发挥,为全民艺术普及保驾护航。

第二,提高群文工作者自身综合素质,培训艺术人才。

群文工作者肩负着本地群众文化活动的组织、指导、辅导、培训、示范、创作和研究的任务,同时还要对民族民间艺术遗产进行搜集、整理、开发和利用,工作宽泛,任务繁多。社会在发展,时代在进步,伴随着人类文明的逐步昌盛,人们对文化生活的需求也在不断变化着、发展着。这就要求群文工作者具备:在政治方面,要有较强的事业心和责任感,要有一定的政治思想和理论政策水平,明辨是非,遵纪守法,维护和坚持党的基本路线,在思想上、行动上同党中央保持高度一致;在业务方面,首先要打造自身的文化底蕴,学高为师,身正为范,能把群众需要的专业知识传授给他们。加强对文化馆(站)工作人员的培训,特别要加强对文艺骨干、文艺爱好者的培训,使他们不断更新知识,提高业务水平,在全民艺术普及工作的开展中发挥作用。

第三,广泛开展丰富多彩的群众文化活动,活跃人们的精神文化生活。

群众文化活动由于它的群众性、教育性、娱乐性特征,历来是思想道德教育的有效载体。丰富多彩的群众文化活动具有宣传教化和陶冶性情效能,可以培育人的品质,塑造人的灵魂,丰富人的精神内涵,提升人的文化精神,使人们拥有良好的精神风貌、振奋的精神状态、高尚的道德情操。因此,在全民艺术普及工作过程中,文化馆要唱好主旋律,把握时代脉搏,组织、引导广大人民群众开展健康向上的群众文化活动。群文工作要与全民艺术普及工作相得益彰,发挥丰富群众文化生活,净化人民群众心灵,陶冶人民群众情操的重要功效,为我们国家人民思想健康发展营造良好氛围。

第四,树立精品意识,增强群文工作的影响力。

艺术作品的创作是文化馆工作的重要组成部分。作为先进文化传播者和引导者的群文人,在艺术作品的创作上必须坚持"二为"方向和"双百"方针,唱好主旋律,提供多样化,打好主动仗,坚持"以科学的理论武装人,以正确的舆论引导人,以高尚的精神塑造人,以优秀的作品鼓舞人"。在创作艺术精品时要坚持具有中国特色。中华文明上下五千年,文化历史悠久、灿烂,无论到什么时候,传统文化都不能丢,祖先宝贵的精神财富不能丢。

总之,各级文化馆应充分发挥群文工作效能,真正成为全民艺术普及工作的主导者,成为开展群众文化的组织者、辅导者和带动者,为我国经济发展和精神文明建设做出应有的贡献。

镇

江

浅谈丹徒南乡田歌的保护与传承

（镇江市丹徒区文化馆）

潘永军

丹徒南乡田歌其资源蕴藏丰厚，形式多种多样，生活气息非常浓郁，较为完整地继承了我国民间艺术的优良传统。我们通过多种方法对南乡田歌进行了收集整理：发掘整理资料，对南乡田歌进行抢救保护，加强传承培训，对南乡田歌培养后备人才；积极组织活动，对南乡田歌进行广泛传播；完善数据库建设，对南乡田歌进行专题研究，最大限度地保留南乡田歌的特征。让这种优良的民间传统艺术得以传承并发扬光大。

丹徒地处吴头楚尾，山清水秀，人杰地灵。自古以来，在这片土地上，人们不仅创造了丰饶的物质财富，也创造了丰厚的精神财富，丹徒南乡田歌就是其中的一颗晶莹璀璨的明珠。南乡田歌资源蕴藏丰厚，形式多种多样，内容朴实、粗犷，带有浓厚的地方特色，有打夯歌、放牛歌、耕田歌、车水歌、插秧歌、挑担歌、打麦歌，等等。南乡田歌既有吴地细腻灵秀之美，又有楚地山歌粗犷朴素之风，生活气息非常浓郁，较为完整地继承了我国民间艺术的优良传统。南乡田歌的历史悠久，以传统的田歌形式记载着一年农事中的生产过程和生产习俗，保存了丰富的耕作文化积淀，具有优美、鲜明的音乐旋律。田歌声调高亢、嘹亮，是劳动人民在生产劳动中的一种艺术创造，既能抒发情怀、解除疲劳，又能陶冶性情，增加劳动的乐趣，含有丰富的文化内涵和文化积淀。

丹徒南乡田歌与当地农民劳作有关,具有地域文化特征,曾经村村都会传唱,但因为地域特点不同,所以唱法、音乐旋律不一,各具特点。然而,随着城市化的进程,大量田地流失,人们的劳动形式也随之改变,南乡田歌已处于一种自然流失的状态,会唱原汁原味田歌的老人大都在80岁左右,加之演唱的即兴性,不便于纸面保存,田歌文化形态正在迅速消亡。20世纪80年代会唱富有特点的滚号(车水号子的一种)的有多人,而如今仅剩数人,几乎失传。如不再进行抢救、保护,千百年来口耳相传的南乡田歌将面临消失。

南乡田歌已被列为省级非物质文化遗产保护项目,它是民间音乐的源头,是丹徒人民创造历史的活化石,是先辈们流传下来的音乐教科书,也是研究江南稻作文化的活态资料,具有重要的传承价值。它是无形的文化遗产,代表着我们文化遗产的精神高度,保护好可以使其充分发挥应有的价值与作用,促进和推动文化产业的发展,丰富人民群众的文化生活。中国民协党组成员、秘书长向云驹曾说过:"非物质文化遗产保护意义重大,加大对民族文化的挖掘和保护力度,重视文物和非物质文化保护,是文化发展强根固本、夯实当下文化创造创新基石的必由之路。"

2005年国务院办公厅发布《关于加强我国非物质文化遗产保护工作的意见》,提出今后"通过全社会的努力,逐渐建立起比较完备的、有中国特色的非物质文化遗产保护制度,使我国珍贵、濒危并具有历史、文化和科学价值的物质文化遗产得到有效保护,并得以传承和发扬"的工作目标。

鉴于此,依据我国非物质文化遗产保护与利用的"合理利用、传承发展"基本方针,我们通过多种方法对南乡田歌进行了收集整理。南乡田歌由自然状态下的濒临灭绝又逐步从老百姓的记忆中被挖掘出来,那些承载丹徒南乡老百姓音乐、文化、习俗的珍贵资料也被完整地记录了下来,并以人们喜闻乐见的形式进行创新和改编,最大限度地保留南乡田歌的特征,让这种优良的民间传统艺术得以传承并发扬光大。

一、发掘整理资料,对南乡田歌进行抢救保护

"南乡田歌"是劳动人民集体在田间车水灌溉农田时所唱出的劳动

伴歌，以原生态的表现形式，展示出劳动人民在车水插秧，抗旱灌溉时热烈欢快的场面与劳动热情。其主要分布在丹徒南乡的上党、宝堰、荣炳、三山、上会、黄墟一带。近年来，我们聘请专家深入南乡农村的田头地尾，在有特征的农事季节及时发现美好和谐的农耕场景，及时用视频记录保存；同时对田歌记谱整理，掌握了大量原生态的田歌资料，并对此进行研究；历时半年的时间我们集中力量补遗查漏，采集录制了大量的南乡田歌音乐素材，获取了全面翔实的南乡田歌音乐鲜活资料；对南乡田歌农民歌手进行大范围普查，使用现代技术进行抢救性收集，并整理成书面文字及乐谱，同时形成录音、录像文件，以保留田歌的原生态特征。本单位已建立丹徒南乡田歌保护基地。对南乡田歌歌手进行普查，使用现代技术进行抢救性记录（录音、录像），并开展对田歌的学术研究，建立南乡田歌歌手档案库和南乡田歌艺术档案库，以保存南乡田歌的宝贵资料。

二、加强传承培训，为南乡田歌培养后备人才

1. 培养具有代表性的传承人

从 2015 年起，采取传统传承形式与学校教学模式相结合的传承方式，编制综合性传承人培养教材和相关传统文化熏陶，充分发挥省级传承人的传承作用。培养专门人才，壮大保护队伍。建立区委、区政府支持职能部门设立非物质文化遗产保护工作岗位，调配专业人才负责此项工作。引导民间艺术家协会等社团组织，以弘扬优秀传统文化为主题，开展研究和实践活动。支持民间艺人在创新题材、开拓市场上狠下功夫，使南乡田歌这一具有较大生存空间的非物质文化遗产发扬光大。加强对专业人才和民间文化传承人的教育培训，鼓励老艺人带徒授艺，把技艺传给后辈，培养接班人，把非物质文化遗产传承下来。

2. 针对普及性人群的培训

从 2014 年起，制定镇江南乡田歌初级教材，对全社会广泛招生，采取双休日培训模式，充分发挥市级传承人的作用，一方面为田歌的普及做出积极的努力，另一方面为遴选年轻优秀的田歌手起到积极的作用。建立丹徒南乡田歌传习所（三山艺术幼儿园）和传承基地（上党海燕村、宝堰

古镇文化艺术团等）；目前丹徒区有省级代表性传承人一名（孙阿英，60岁），传承点在丹徒区谷阳镇三山艺术幼儿园，孙阿英担任幼儿园园长及谷娃艺术团团长，她曾在首届江浙沪吴歌大赛上获得"女歌王"的桂冠，能唱出30余首当地和苏南一带流传的山歌号子，为了让山歌号子代代传唱，她筹资建校园，办起了三山艺术幼儿园，幼儿园以传承丹徒"南乡田歌"为主要任务，培养了一批年龄结构在20～40岁左右的幼儿教师在学校教唱南乡田歌，在园内开设了具有地域教育特色的田歌教程，如今当地学唱田歌的孩子越来越多；编写了专门的田歌教科书，设立了小型南乡田歌展示馆，幼儿园学生循环传承350余人。另外还有两个传承点：上党海燕村田歌传承点和宝堰古镇文化艺术团南乡田歌传承点，传承人200多名，大都是50岁以上的老一辈田歌手。

三、积极组织活动，对南乡田歌进行广泛传播

组织开展丹徒田歌主题展示活动，通过演出、展览、专栏、讲座和专题报道等方式向社会介绍丹徒田歌知识，着力打造地域文化品牌。

近年来将原生态的丹徒田歌进行整理加工再创作，把田歌搬上艺术舞台。三山中心小学、三山幼儿园将丹徒田歌纳入校本课程，在孩子中学唱丹徒南乡田歌，带出了一大批小田歌手，使丹徒南乡田歌不断传承、扩大影响。三山中心小学致力于丹徒南乡田歌的搜集与研发，编排的田歌节目四次登上中央电视台，五次荣获全国一等奖，使这一古老的民间艺术大放异彩。2009—2011年，组织部分田歌传承人和三山田歌艺术幼儿园的小朋友编排田歌节目多次参加广场文艺演出和送文化下乡演出20余场。

每两年举办一届的丹徒南乡田歌大赛活动，已经作为我区的文化品牌活动和政府设置的重要奖项，通过文字介绍、田歌大赛城市联动、传承教学示范及论坛交流平台等内容，扩大了丹徒南乡田歌在全国的影响力。

每年举办一次"南乡田歌进大学"传播活动，通过田歌讲座、表演、教唱提高年轻人对传统文化的认知度。

2013年组织宝堰古镇文化艺术团的丹徒田歌表演唱《牛耕号子》参

加中国阜宁全国牛歌大赛获得二等奖;2014年又组织该团队的表演唱《牛耕晨曲》参加中国阜宁国际牛歌大赛获得一等奖,《车水号子》《牛耕晨曲》获江苏省第十一、十二届江苏"五星工程"奖表演艺术类音乐类铜奖。

为保护丹徒南乡田歌的生存环境,开展区级民族民间文化保护项目的命名活动,举办"南乡田歌节",恢复和发展区域性田歌传承活动,使之成为丹徒地区独具特色的文化活动。为使田歌这项江苏省非物质文化遗产得以传承,经常进行公益演出,最大限度地保障了本节目的运转。

四、完善数据库建设,对南乡田歌进行专题研究

每三年召开一次理论研讨会,重点就南乡田歌的理论、音乐风格、特征等进行深入的研究,同时强化南乡田歌传承保护的探讨,为镇江南乡田歌的传承发展提供有力的理论支撑。

做好理论总结工作,进一步搜集整理好南乡田歌相关资料,计划整理出版《丹徒南乡田歌集》,每三年配合理论研讨会出版相关论文专著。

省级非物质文化遗产项目"南乡田歌",作为省非遗项目"记忆工程"首批试点项目,目前已建立起一套完整的非物质文化遗产数据库。自2007年开始,开始逐步对库存民间文艺资料、图片进行数字化处理,以丹徒"南乡田歌"为主题开展的相关活动,两年一届的丹徒田歌大赛,非遗保护图片展等一系列围绕非遗保护展开的活动。以现代化电子的形式分门别类的整理好、留存好、保护好我们珍贵的历史资料。为完成此项工作,丹徒区文化馆集全馆之力,保证数据库建设工作按时、保质完成。

五、结　论

越是民族的艺术,越是世界的艺术。丹徒劳动山歌出自民间,扎根于沃土之中,吮吸着民间永不枯竭的艺术甘泉,具有强盛的艺术生命力,其价值将愈来愈被世人所认识。相信在21世纪江苏建成文化大省巨大工程中,地处江南的丹徒南乡田歌这一乡土味十足的民间艺术将显示出它的无穷魅力。

"点线面"相结合
大力推进艺术普及工作
——关于新时期文化馆开展全民艺术普及的几点思考

（丹阳市文化馆）

郦伟华

开展全民艺术普及，不但有利于更好地保障人民群众的基本文化权益，也有利于充分发挥艺术的功能，引领时代风尚，鼓舞人民前进，推动社会进步。文化馆作为政府设立的公益性文化部门，应勇于承担起这一重大责任和历史使命，创新工作方式方法，努力构建起覆盖城乡、门类齐全、便捷高效的公益艺术培训体系。

《中共中央关于繁荣发展社会主义文艺的意见》和中办、国办《关于加快构建现代公共文化服务体系的意见》中关于积极开展全面艺术普及的要求，犹如和风细雨润泽神州大地，激发起广大群众对艺术的渴望和追求。文化馆作为国家设置的以满足广大群众基本文化需求为基本职能的公益性文化部门，覆盖面广、社会性强、影响大、联系群众最广泛，在推进艺术普及工作中理应处于主体主导地位、发挥主力军作用。因此，文化馆应责无旁贷地为提高广大人民群众的艺术素养和审美水平做出应有的贡献。下面，笔者结合丹阳文化馆的工作实际，从"着力点、网络线、参与面"等三个方面就新时期如何切实有效地开展艺术普及工作谈几点看法，希望能起到抛砖引玉的作用。

一、找准着力点，对接百姓需求

开展全民艺术普及工作是一项惠及百姓的公益活动，不能采取简单的"灌输式"普及，应精准对接百姓的艺术需求，切实提高普及工作实效。

第一，立足基层实际。首先要开好"引导车"，全面开展艺术知识普及讲座。在深入调查摸底的基础上，及时了解掌握基层群众文化艺术需求，灵活调整制订百姓爱听、感兴趣的艺术知识培训内容。一方面将艺术知识讲座信息通过馆门户网站、微信等方式发布，为百姓提供"点菜式"的定制服务；一方面根据调查统计结果和基层文化部门的意愿为百姓提供配送服务。其次要打好"特色牌"，结合各地的人文景观、民风民俗，积极引导广大群众自发开展健康向上、富有地方特色的文化艺术活动，将"文化艺术之树"根植于各个乡村和社区。今年丹阳文化馆针对皇塘"农民画之乡"、陵口"书法之乡"、访仙"刻纸之乡"、吕城"戏曲之乡"、云阳"灯谜之乡"等特点，在开展"文化讲坛"下基层活动中有的放矢，开展了美术、书法、戏曲等近10项艺术门类的公益讲座或技能培训，所到之处无不深受当地百姓热烈欢迎，每次培训都是人员爆满、一再延时。

第二，敞开窗口阵地。文化馆的阵地活动是群众文化活动中最基本的活动，也是群文工作最直接的窗口和门面。因此，文化馆要坚守好窗口阵地，继续大力推进免费开放工作，最大限度地挖掘和利用馆内现有资源，根据群众的文化艺术需求和审美变化，不断调整阵地活动的形式和内容，也就是说艺术普及活动项目设置一定要紧贴群众的需要，所开展的活动一定要为群众喜闻乐见，要让群众乐于参与、便于参与。其中要充分利用和发挥馆内的人才优势来抓好艺术辅导培训，为社会培养一批群众文艺骨干，以点带面，掀起群众文化艺术活动的高潮，使群众文化艺术真正体现出从群众中来到群众中去的功能。丹阳文化馆的"文苑"展厅每月都推出书画摄影非遗作品等展览免费向公众开放，渐渐成为市民心目中的"艺术殿堂"。

第三，打造活动品牌。群众文化艺术活动是全民艺术普及的重要载体和有效手段，对于宣传和弘扬社会主义核心价值观和以改革创新为核心的时代精神,以及提高广大群众的文化艺术素养和思想道德素质,有着不可替代的作用。因而文化馆要遵循贴近实际、贴近基层、贴近群众的原则,结合传统节日和重大节日,组织开展广大群众喜闻乐见、形式多样的活动,来丰富和活跃城乡百姓精神文化生活。今年丹阳文化馆承办的"花开别样红"全市业余团队广场舞大赛和"百善孝为先"基层文艺巡演,听取百姓心声,对准百姓胃口,百姓舞台百姓唱戏,戏里戏外全是群众唱主角,城乡数十支群众文艺团队在属于老百姓自己的舞台上用真心真情陆续为大家奉献上了数十场文艺盛宴,不但满足了群众日益增长的精神文化需求,也大大激发起广大群众参与文化活动的热情,挖掘和锻造出一批优秀业余文艺人才。其中"百善孝为先"基层文艺巡演采取了政府购买公共文化服务的方式,购买了我市三支文艺团队的优秀节目并结合各镇(街道)文艺团队的精品节目在城乡巡回展演,取得了非同凡响的效果。

第四,注重文艺精品。必须贯彻"普及与提高"双向发展的方针,在普及的基础上求提高,在提高的指导下抓普及,通过举办一些示范性、导向性的会演、大赛、优秀节目公演或特邀高雅艺术团体献演及优秀作品汇展等活动,来引导群众文化艺术活动凸显内涵,提升品位。同时还要善于搭建各类展示平台,一方面结合大小赛事活动,组织发动艺术创作骨干深入生活,创作各类艺术精品;另一方面结合政府购买公共文化服务和群众文艺创作,加大文艺精品在各类演出活动中的比例。丹阳两年一度的"南腔北调"小戏小品大赛,既为业余文艺爱好者提供了学习交流展示的舞台,又推出了一批新人新作。

第五,创新数字服务。随着网络和数字技术的广泛运用和其所带来的开放、共享的普及,群众的文化消费方式和习惯越来越依靠网络数字媒介和虚拟空间。在此情况下,文化馆必须创新传统的运行模式,以数字化文化馆建设为切入点和突破口,采取"互联网+全民艺术普及"的模式,录制和提供各艺术门类教学视频或知识性普及的文字图片,利用网站、微信、QQ等互联网平台,为群众提供便捷高效的艺术普及服务。

二、架构网络线,畅通普及渠道

文化馆要以总分支馆建设为契机,充分发挥其群众文化的龙头作用,利用馆内优势资源,支持镇街道文体服务中心,提高文体服务中心的整体业务水平,并借助文体服务中心熟悉基层文化需求及掌握镇街道社区村文化特点的优势,实行优势互补、资源共享,集结成强有力的群文队伍,集思广益、取长补短,积极推进艺术普及工作,培育一批全民艺术普及示范基地,建好村(社区)文化俱乐部和文化室(图书室),努力形成以文化馆为中心、文体服务中心为枢纽、辐射到各村社区文化室的"三级群众文化艺术普及网络",促使艺术普及活动渗透到社会各个层面,不留死角。2016 年,丹阳文化馆先后在城区云阳街道、茅山老区延陵、新型工业重镇丹北等地建立起全民艺术普及示范基地,同时也在全市村级综合文化服务中心都设立了普及点,使我市艺术普及工作呈现出"城区中心扎根、乡村四面开花"的喜人局面。

三、扩大参与面,凝聚社会力量

文化馆开展艺术普及工作,仅靠自身"单打独斗""冲锋陷阵"则显得"势单力薄""力不从心",必须密切与所在地文、教、体、卫、工、青、妇等有关部门及企事业单位的联系,联合和依靠社会各界力量来拓展社区文化、企业文化、校园文化、村镇文化等建设,满足百姓多元化、个性化的文化艺术需求。

一是抓好艺术普及队伍建设。首先文化馆的业务干部要心系全民艺术普及工作,敢挑重担,乐于奉献,深入基层搞好辅导培训。其次要及时发现、培育一批热心艺术普及工作且有一技之长的文艺骨干,在精神和物质上予以鼓励,充分调动他们的积极性、主动性和创造性,通过文艺骨干的"传、帮、带"作用,扩大艺术普及的影响力和覆盖面。事实早已证明,无论是在城区还是乡村,培养出一名优秀文艺骨干就可以带出一支队伍,培养出一批骨干就可以壮大队伍,培养出更多的骨干就可以形成千军万马,艺术普及工作也就能够扎扎实实地开展起来。再次建立、巩固和壮大社会文艺活动团体,并在此基础上,充分挖掘城乡企事业单位的文化潜力,成立青年、少年、企事业单位文艺活动组织,构筑老、中、青、少四个梯次,家庭文化、企业文化、校园文化、社区文化等相结合全面发展的文化艺术组织网络。激发业余文艺团队活力,发挥典型示范作用,吸引更多的人关注艺术普及、参与到文化艺术活动中来。另外还要建立健全业余文艺团体注册登记和监督检查制度,纳入规范化管理,每年对文艺团体进行考评,以激励文艺团体提高服务质量和水平,促进全民艺术普及工作健康有效地开展。

二是构建艺术普及磁力场。文化馆要积极主动联合各类学校、校外活动基地、老年大学、民间艺术协会等文化艺术教育培训单位部门和机构,组建起强大的全民艺术普及联盟,开展丰富多彩的公益文化艺术普及活动,吸引和培育更多的文艺爱好者。

总之,全民艺术普及是项长期而又艰巨的文化民生工程,也是时代赋予文化馆和每个群文工作者的重要使命和责任。文化馆要瞄准"一人一艺"这个目标,紧扣公益文化活动载体,借助公益阵地平台,以点连线、以线促面,调动社会一切力量,广泛开展全民艺术普及工作,力争群文事业再创佳绩!

浅析新时期的全民艺术普及工作

（丹阳市文化馆）

赵　鹏

新时期的群众文化工作需要更好地满足人民群众精神文化需求和改善文化民生。新时期，全民艺术普及所指向的是全民文化艺术素养的提高、审美水平的提升、精神面貌的提振、核心价值观的培育、文化创造力的激发。它旨在让艺术融入人们的日常生活，使生活审美化、艺术化，更富有情趣，更有精神和审美内涵，更有价值和意义。为了满足人民群众精神文化需求，全民艺术普及也就成为当下群文工作的重中之重。这对丰富人民群众的业余文化生活、提高群众生活质量、增进人民群众之间的沟通交流、营造和谐友爱的社会氛围具有举足轻重的作用。

改革开放以来，群众文化事业发展迅速，群文工作也取得了丰硕的成果。但是，人民群众对精神文化的追求和高质量文化产品的需求比历史任何时期都迫切，要求都高，这就要求新时期群文工作的重中之重要放到全民艺术普及工作之中。全民艺术普及工作具有非功利性特点，几乎不收费，教学目的也并非为出什么具体成绩，而是为了让群众接触艺术，了解艺术。还有就是授课内容与普通艺术教学有区别，全民艺术普及工作面对的是各个年龄段的人，他们主要是因为兴趣爱好而学习，因此给他们普及的艺术知识，主要以提高艺术鉴赏能力为主。我们积极开展全民艺术普及工作正是促进群文事业发展的一个重要途径。笔者在这里浅谈新时期的全民艺术普及工作的几点建议。

一、新时期的全民艺术普及工作要在实践中推动文化工作与时俱进、不断创新

新时期的全民艺术普及工作要以中国特色社会主义理论为指导，以解放思想为动力，突出抓好主旋律题材和反映地方特色、为广大人民群众所喜闻乐见的文化活动形式。通过结合文化馆总分馆建设积极扩大普及范围。

（一）新时期群文工作要建立全民艺术普及的考核机制

首先要建立全民艺术普及的奖励机制，统筹协调、分头推进的组织领导机制，重点项目评审扶持机制，文艺人才培养使用机制，文艺资源共享转换机制，文艺宣传引导推介机制等推动全民艺术普及的机制。在全民艺术普及过程中，面对现在基层群文工作人员短缺的现状，要拨出专款，购买社会中优秀的文艺作品，充分利用当地优秀的文化资源。同时，文艺活动需要花费大量的人力和物力，单纯依赖地方财政在很多时候不能照顾大多数群众的文化需求。这就需要上级政府加大财政的投入，建设老百姓喜闻乐见的文化工程，让老百姓在家门口就能享受到优质的群众文艺，接受优秀的文艺作品。此外，需要政府加大投入的还有送文化下乡工程。现在文化下乡受到老百姓的普遍欢迎，然而还不够。现在的情况是形式还不丰富，而且有些老百姓真正想看的文艺活动因为财力的问题而无法实现。这一点是群文艺活动及其普及不足的表现，也是全民艺术普及可以利用的巨大市场空间。

（二）新时期群文工作要丰富全民艺术普及形式

全民艺术普及要具有鲜明的时代特征和浓厚的生活气息，要能体现贴近实际、贴近群众、贴近生活的要求，要能为群众所喜闻乐见。以往文化辅导培训的形式主要是文学作品和音乐作品等，现在，小戏小品是目前深受广大群众喜爱的一种艺术形式。丹阳市目前连续举办了三届方言小戏小品大赛，挖掘丹阳地方文化特色，题材新颖、形式多样、立意深刻，从

不同角度反映了蓬勃兴旺的社会发展景象和人民群众昂扬向上的精神风貌,深受老百姓的喜爱。丰富了艺术普及的内容,才能进一步增强吸引力、感召力,从而达到教育人、鼓舞人、感化人的目的,潜移默化地增加人民群众的艺术欣赏能力。

(三) 新时期的全民艺术普及工作要突出当地的地域特色

全民艺术普及既要贴近生活,还要突出地域特点,在全民艺术普及中必须紧紧围绕经济建设和精神文明中的和谐社会建设这个中心来开展。艺术普及中的文艺精品活动要多表现群众在工作和生活中的优秀品质、高尚情操、开拓进取的精神,也需要艺术普及更多更好的优秀作品,这既符合新时期群文工作的要求,也是市场价值规律的要求,更是符合了人民群众的要求。为此,新时期的全民艺术普及工作必须要发扬当地的地域特色,多普及思想性、艺术性和观赏性相统一的优秀文艺形式。

二、新时期的全民艺术普及工作要培养文艺普及人才,发展壮大基层文艺骨干队伍

培养文艺普及人才,发展壮大基层文艺骨干队伍,是文艺普及工作的基础。

(一) 面对新时期群文工作中基层文艺人才的断层,建设一支有才情、有活力、接地气的文艺普及队伍

通过培养、交流、引进等手段,不断充实业务人员队伍。同时充分整合文艺资源,结合文化馆总分馆建设,并且引入作家协会、书法家协会、摄影家协会等行业协会和学校的艺术人才乃至区域文化名人,增强文艺普及的人才实力。另外,还要积极发挥业余文艺爱好者和离退休人员的创造力,为他们提供文艺普及的交流平台,激发文艺普及活力。

（二）新时期群文工作要充分调动基层文艺骨干的积极性和创造性，巩固现有群众文化基础和文化队伍

基层文艺骨干队伍，是确保基层文化蓬勃发展的人力保障。近年来，丹阳市各主要基层成立群众文艺团体近 300 个，培养了一批群众文艺骨干，通过节日演出、百姓剧场、时代潮等广场文化活动，形成了浓郁的基层文化氛围，使人们在潜移默化中接受先进文化的熏陶，逐步形成街街有阵地、居居有队伍、周周有活动的良好局面。巩固、壮大现有基层文化团体，并在此基础上，充分挖掘驻基层企业、单位、学校、部队的文化潜力，成立青年、少年、企事业单位、部队文体活动组织，构筑老、中、青、少四梯次，居民文化、企业文化、校园文化相结合的全面发展的基层文化活动网络，是基层文化发展的必然趋势。通过对各乡镇（街道）群众业余文体活动的扶持，基层群众文化活动从单纯的"娱乐"型向多功能型转变，以基层演出活动为载体，为基层文化注入了不竭的原动力，发挥基层群众文体团队，在活动中发挥"以点带面"的辐射作用，必将有力地推进全民艺术普及的进程。

（三）新时期群文工作发展和培养年轻艺术人才，从根本上改变艺术普及中基层文化队伍后继乏人的局面

人才是资本，建立一支稳定的专兼结合的文化队伍，是加快推进基层文化建设的资源保障，是体现其社会功能、实现存在价值的核心力量，决定文化事业的兴衰成败。基层文化队伍的缺乏，严重制约了全民艺术普及的开展和质量的提高，我们要创造各种机会对基层文化工作者进行岗位培训和继续教育，提高其政治素质和业务水平。及时发现、培育热心基层文化事业并有一技之长的文化骨干队伍，在精神和物质上予以鼓励，充分调动文化骨干的积极性、主动性和创造性，发挥文化骨干的"传、帮、带"作用，扩大全民艺术普及活动在基层的影响力，提高基层文化的品位和档次，也是新时期群文工作的重要方面。要在普及上下功夫，在提高整体水平上下功夫，更好地满足人们就近便捷地享受公共文化服务的要求。

帮助基层建立一支稳定的、有专业能力的文化工作队伍，更好地丰富和活跃基层文化生活，满足人们日益增长的文化需求。

（四）开展多种形式的群众文化活动，为基层文化艺术人才搭建广阔的平台，进行更好、更加全面的艺术普及工作

在基层群众文化建设中，充分利用乡镇（街道）文化站、基层文化活动室、文化广场等设施，组织开展丰富多彩、健康有益的文化活动，积极引导社会举办和群众自发组织的文化活动，通过各种文化活动的运作，搭建起更高水准的基层文化活动平台，吸引众多的基层群众文化艺术人才参与到活动中，在更大范围、更大空间上为基层文化艺术人才提供展示自己才华的机会，扩大基层文化骨干队伍规模，这更有利于全民艺术普及工作的开展。

三、新时期的全民艺术普及工作要切实坚持以人为本、服务群众

（一）文化工作必须着眼于促进人类精神生活的提升，要始终坚持以人为本、服务群众，才能得到人民群众的欢迎和认可

要把群众的需求作为第一信号，把群众满意不满意、拥护不拥护作为根本标准，使我们的工作更加得到群众的支持和拥护。在开展全民艺术普及的工作中，要紧贴本地区群众的工作和生活，符合本地区群众的学习接受能力、观赏水平和内容需求。要多提供歌颂、赞扬当地群众积极的工作和生活状态的作品，这样的活动才能有亲近感，有生命力和强烈的感召力。

（二）新时期的全民艺术普及工作要鼓励群文工作者多深入基层，开展文艺创作

要深入基层开展文艺采风活动，争取创作出一批具有时代气息、符合

当地群众精神文化需求、反映基层群众心声的文艺作品。同时,要准确把握群众精神文化需求发展的变化,积极探索新形势下服务群众的有效途径,做到文化发展成果人民共享。

新时期的全民艺术普及工作是满足人民群众精神文化需求、改善文化民生的重要途径,是衡量文化体制改革成果的重要尺度。我们让大众接触艺术最终是要找回对美的感知,为我们生活中一切美好的事物所感动,创造人民自己的生活美学。从这个角度讲,全民艺术普及工作大有可为。它对于全社会形成共同理想和精神支柱,对于提高全民的思想道德素质,培养"四有"公民,对于提前基本实现现代化宏伟目标提供强大的精神动力,对于为人民群众生产丰富的精神产品,都具有极其重要的战略作用。因此,新时期的全民艺术普及工作有利于人民群众审美水平的提升、精神面貌的提振、核心价值观的培育、文化创造力的激发;使人民群众的生活在有审美化、艺术化的同时,具有情趣、精神和审美内涵,更有价值和意义。

新时期全民艺术普及工作研究

（镇江市京口文化艺术中心）

凌烨辰

积极展开全民艺术普及活动,是新时期的文化馆在群文工作中最重要的工作之一,也是进一步实现文化馆社会功能的最主要手段之一。作为国家文化工作的载体,文化馆通过全民艺术普及活动体现其公益性,并且通过全民艺术普及活动来实现自身的价值。因此,本文针对文化馆开展全民艺术普及研究工作进行探讨,以期促进我国新时期全民艺术普及工作的可持续发展。

作为政府向广大人民群众进行宣传教育,组织开展文化活动的群众文化事业机构,文化馆一方面要始终坚持科学的发展观,依托自身指导人民开展文化活动事业的服务责任,传播文化信息、普及文化知识、开展文化活动;另一方面也要切实保障人民群众的基本文化权益,提高群众文化艺术品位、提升全民文化艺术生活。2015年1月,中办、国办印发了《关于加快构架现代公共文化服务体系的意见》,《意见》要求"积极开展全民艺术普及"。

为积极响应国务院号召,全国各地针对自身现状、结合各地区特点,充分发挥本地区主观能动性,开展了各项活动。比如,作为"百戏之祖"昆曲的发源地,苏州具有评弹、苏剧、锡剧、越剧、沪剧、京剧等剧种的深厚群众基础,其依照"政府主导,社会参与,统筹规划,分步实施"的原则,积极发掘、继承优秀传统戏曲艺术。吴江区实施的"戏曲文化生态保护区"

建设入选文化部创新工程项目,采用全覆盖、全共建、综合保护、融入生活的方式,保护、传承、普及、提高、服务五位一体,率先探索活态化、综合性的戏曲文化生态保护模式,构建充满生机和活力的戏曲传承基地,从县级市的公共文化场馆,到镇(街道)文化站,以及有条件的村(社区)设置的戏曲排练室,由点到面,由上到下,全方位开展各剧种"活"的传承展示活动。而这些活动不仅使其艺术特色及成就薪火相传并加以弘扬,而且潜移默化地起到全民艺术普及的作用。

自 2014 年开始,重庆市开始在区县文化馆开展全民艺术普及的探索实践活动。渝北区文化馆以声乐舞蹈、书法绘画、非遗传承、摄影技巧为重点,引领艺术普及多元发展。九龙坡区文化馆馆长杨池表示,针对不同的群体,采用专业性和普及性相结合的方式,对丰富广大群众业余文化生活、提升自我艺术修养有很大作用。北碚区文化馆每年面向基层开展送演出、送展览、送辅导等各艺术门类普及活动 150 余场次,带动基层开展文化活动 200 余场次,受众达 40 余万人次,拥有"缙云文化村村行""缙云欢乐大舞台"等 10 余项特色品牌。

然而现阶段来看,我国的全民艺术普及工作并未完全推开,多数地区的全民艺术普及工作仍然存在发展迟缓、难以推动、群众反响不积极等问题,面临多方面的压力。苏州、重庆等地通过结合自身优势、利用各种手段开展全民艺术普及活动试点,使群众的文化修养得到一定的提升,但是在实际操作中,一些中小型城市在全面推动施行全民艺术普及活动的过程中并没有真正地掌握好方法,因而取得的效果并不显著。

随着人民物质生活水平的提高,广大人民群众有了更多闲暇娱乐的时间,接触艺术的需求越来越大,而开展全民艺术普及工作需要投入大量的专业人才、场地资金,目前的艺术普及活动已经无法满足人们在艺术追求方面越来越大的需求。然而引导人民开展积极向上的文化生活,提供基本的公共文化服务,满足人民群众基本的公共文化需求是文化工作者的职责所在,这不得不说是一个困境。

其一,城镇化进程的加快使得各城市出现大量新社区,乡村在逐渐消失,文艺工作的人员结构难以跟上如此快速的变化,许多新形成的社区人门是以往村庄的数倍,这些社区的文化真空状态也使得全民艺术普及工作无法有效开展。其二,"互联网＋"时代的到来,不知不觉地在改变大多数人的生活方式,传统文化馆服务模式和内容已不能满足群众日益增长的文化需求。群体单一、服务滞后、信息封闭等痹症暴露无遗。其三,艺术普及工作似乎走在了新时代的末端。受益人主体依旧以中老年人和少年儿童为主,而对于新生代人群则仿佛隔了一堵厚重的高墙,里面的人出不去,外面的人进不来,无法有效地沟通,使得全民艺术普及活动停滞不前。

尽管全民艺术普及活动在实践过程中存在诸多问题,但是在实施开展中也并不是一筹莫展。在文艺工作人才稀缺方面,我们可以采取"从群众中来,到群众中去"的工作方式。就以近年来红遍大江南北的"广场舞"来说,这个聚集了来自城市各个角落,为了丰富业余文化艺术生活而自发组成的生活团队,在短时间之内迅速成长壮大,在中老年人中带起了一阵狂热的浪潮。其中,在这些团队中不乏有很多在文化艺术上颇有造诣的文化工作者,他们热爱群众文化生活,享受传播艺术给他们带来的喜悦感,通过这些文艺工作者,搭建起与人民群众的沟通和交流,使得艺术能够真正走进社区和街道,深入基层;在广场、公园或是街道的空闲地带,将社会各界有志之士集合在一起,就地组织群众开展艺术培训服务,把各种先进的、新流行的文化艺术带给基层群众,同时根据各地群众的具体精神文化需求,结合群众自身所具有的不同层次文化艺术素养和欣赏水平的实际情况,有针对性地广泛而具体地开展各种形式的文化艺术讲座、音乐知识鉴赏、影视艺术欣赏,举办多层次的、丰富多彩的、形式多样的、雅俗共赏的各种文化娱乐活动。

在全民艺术普及开展场所缺失方面,文化馆作为国家公益性文化事业单位,其独特性质和地位决定了他必须积极发挥自身的阵地作用,并始终坚持"二为"方向和"双百"方针,牢牢把握"大众创造、全民参与、人人享受"的宗旨。同时以此为中心向周围辐射,以乡镇文化站为根据地,以村级文化大院为着力点,立足实际,大胆创新,坚持"三贴近"要求,为不同文化需求的社会群体搭建展示自我的平台,使群众在接收文化教育、文化学习、文化娱乐、文化信息等方面得到蓬勃发展，真正实现群众听、群众看、群众写、群众画、群众学、群众歌、群众舞、群众演、群众说等"群众十有"文化娱乐活动，把文化馆办成人民群众向往与喜爱的场所，真正成为人民群众文化活动的中心和精神文明建设的前沿阵地。

在全民艺术普及开展资金缺乏方面，构建多元化传播主体，创新治理模式，充分利用文化馆作为国家文化工作的载体、政府向人民群众提供公共文化服务的主要窗口这一主要职能，鼓励民间非营利组织、中小企业、经营性文化设施向公众提供优惠或免费的公益性文化服务，将社会力量引入现代公共文化服务的传播体系，形成政府、个人、社会、市场之间的良性互动与平衡机制。坚持政府主导，确保传播导向，实现主流渠道、民营企业、文化类单位、个人广泛参与，多屏传播、多终端接收，权威媒体与自媒体结合，非营利性与专业化经营相结合，社会管理与人文营造相结合，有效推动基层文化服务普惠大众。让群众能够随时随地享受健康有益的文化娱乐活动，能够使得群众的身心得以活跃，精神得以放松，烦恼得以减轻；同时通过与他人的交流，加强群众的情感沟通和思想交流，感受到集体活动的欢乐。促进社会主义建设和谐化，社会主义培育文明风尚化。

在城镇化进程日趋加快、新社区人口数量不断增加，全民艺术普及范围无法深入开展的现状下，建立区域公共文化服务合作共建共享机制成为当务之急，公共文化服务建设繁荣社区与欠文化贫瘠社区（村）通过设施援建、设备援助、人才共享、资源对接等方式建立区域公共文化服务合作共建共享机制。形成片状式发展，实现公共文化资源的有效供给。

在如今的"互联网＋"时代，手机、平板、电脑等逐渐成为人民群众生活中必不可少的应用设备，它们以其传播范围广、传播信息快、传播内容多等特点逐渐渗透到人们生活的各个角落。传统文化馆在利用互联网平台工作上急需根据自身实际需求进行拓展与改革。如进一步推进馆区、展厅无线网络的覆盖。文化馆应以重视为参观者提供人性化和符合现代生活节奏的功能与内容为主。线下，在公共服务与参观展览中加强与群众的互动；线上，通过网络尤其是当下流行的微信、微博、QQ等公众社交平台，建立自己的微信公众号、官方微博、QQ群，在公众平台上不定期展示、宣传文化馆书画艺术展览、文化公益培训、文化艺术演出等相关内容，及时有效地更新文化内容，满足群众爱好者的学习和观赏。不仅如此还要利用平台发布文化活动信息，呼吁群众参加，使群众在公众平台上更好地与文化馆人员进行交流，促进本地区群众文化的建设，加强与群众的密切联系。通过加大资源整合利用、降低服务成本，创新多渠道、终端化的服务模式，为群众提供丰富、便利、均等、全覆盖的公共文化服务。利用线上线下一体化模式让文化馆以其先进的网络模式，对受众群体实现广泛而非资讯式的点对点终端化服务，有效地提供大面积基本性文化服务，从而达到公共文化服务全区域的有效覆盖。当然，网络终端服务不是对文化馆职能的替代，而是推动公共文化"平衡性、均等性"服务的全面提升，从而构建一个真正科学化、立体化的公共文化服务体系。

艺术承载着一个民族的精神，代表一个民族的风貌、引领一个时代的风气。举精神之旗、立精神支柱、建精神家园、聚中国力量、锻中国品质、树中国尊严、铸中国灵魂，都离不开艺术。全民文化艺术素养的提高、审美水平的提升、精神面貌的提振、核心价值观的培育、文化创造力的激发是使群众生活审美化、艺术化的有效方式，保障全民艺术普及活动的开展，能够更好地促进本地区民众精神文化艺术生活，更有利于充分发挥艺术功能，引领时代风尚，鼓舞人民前进，推动社会主义精神文明建设。

全民艺术普及与非物质文化遗产的保护

（镇江市京口文化艺术中心）

王 莹

文化是中华民族发扬壮大的内在支撑，是民族生存和发展的重要力量，新时期下国家经济快速增长，人民群众物质水平提高，人们对于精神文化的追求也在逐步地提高，人民群众文化工作开展的重要性也愈加凸显。因而，以更多策略做好全民艺术普及和非物质文化遗产保护工作，制订相应的群文活动，满足群众对精神文化的追求，对于群文工作者来说至关重要。

十七大报告指出：中华文化是中华民族生生不息、团结奋进的不竭动力。要加强对各民族文化的挖掘和保护。习近平在文艺工作座谈会上的讲话中提到"文艺事业是党和人民的重要事业，文艺战线是党和人民的重要战线。文化是民族生存和发展的重要力量。人类社会每一次跃进，人类文明每一次升华，无不伴随着文化的历史性进步"。美国学者约瑟夫·奈提出过软实力理论，其中文化吸引力是三大软实力之一，他认为，特别是 21 世纪信息时代，一旦一些文化，通过技术媒介的传播，成为其他国家和国际社会的主流文化后，发源这个文化的国家，就拥有了部分控制这些接收文化的国家和国际社会的"软实力"。这一理论受到了世界各国的关注。

由此可见文化的重要性。在文化发展中，如果说非物质文化遗产是浩渺文化中的一条长河,跟随历史的轨迹走到今天,记录了时代的印记,那么文化艺术普及则是一条充满活力的溪流,奔涌着向前,与非物质文化遗产之河交汇,碰撞出了新高度的浪花,也拥有了新的内涵。现今,正逢国家文化大发展和大繁荣时期,我们要响应国家的文化政策,发展全民艺术普及工作,不断提高全民的文化艺术素养,将我国优秀的非物质文化遗产保护好、传承好,二者融合起来发展,发挥联动作用,早日实现"中国梦"。

一、全民艺术普及对非物质文化遗产保护的作用

(一)促进非物质文化遗产的传播

非物质文化遗产是我国传统文化中的瑰宝,非物质文化遗产的传播是一种动态的、活态的传播,主要以人为载体,以口传心授的方式进行代际传承。随着老一辈传承人的逝世,他们身上的文化内涵也随之消亡。这种对人的极大依附性限制和影响着非物质文化遗产的传播效果。而全民艺术普及本身的全民性覆盖面广、涉及人群多、涵盖内容多样性的特点对非物质文化遗产的传播具有明显的促进作用,使非物质文化遗产从根本上减少了传播的难度。全民艺术普及覆盖面广,使中国境内尽可能多的地方本身特有的区域典型文化被关注和挖掘出来,既有利于当地的文化发展,也有利于中国整个文化大环境的发展;全民艺术普及涉及人群多,使相当大的群体进入非物质文化遗产关注的队伍中,对非遗财富由好奇到了解,由了解到熟知,由熟知到喜爱,由喜爱到分享,由分享到传播,使非物质文化遗产真正地以更多人为载体,在广泛传播中得到传承;全民艺术普及涵盖内容多样性,艺术普及内容包括文学、绘画、雕塑、建筑、音乐、舞蹈、戏剧、电影、曲艺等,非物质文化遗产也是其中一环重要的素材,在普及过程中,由于普及艺术的多样性,使受众的选择范围更广,接受度更高,每种非遗文化都以其自身魅力吸引不同群体,以不同的方式呈现在大众面前,也在普及过程中得到新一次的传播。

(二)提高文化受众对非物质文化遗产的重视

党的十七大报告中指出,中华文化是中华民族生生不息、团结奋进的

不竭动力。要加强对各民族文化的挖掘和保护,重视文物和非物质文化遗产的保护。为了中华文化的发展,为了在世界多元文化格局中保持中华文化的竞争力,我们必须重视对所有文化遗产包括非物质文化遗产的保护和创造性转化。非物质文化遗产的重要性不言而喻,但在实际生活中,由于非物质文化遗产本身的现实实用性不强,真正传承技艺的人少,只在少数专业群体中被深入研究,在普通群众中并没有得到普及与重视,大多数人只闻其名,而不得其详,即使了解也停留在皮毛层面。在这种处境下,全民艺术普及又扛起了非遗文化传播的大旗,政府主导,社会参与,统筹规划,分步实施,引导群众正确认识非遗文化的意义和价值。在这个过程中,群众由门外看热闹到真实体会文化的魅力,充分体现优秀传统文化与现代文明的融合,成为具有影响力和竞争力的特色文化名片。在大众的重视中,非遗文化的艺术成就得到了升华。

（三）非物质文化遗产的传承和保护

中华上下五千年,文化历史悠久,从上古炎黄时代到如今中国特色社会主义社会,都是一部分人的文化史。人是万物灵长,在文化传承中起到最为关键的作用。而非物质文化遗产的传承,最缺的就是大众的支持。全民艺术普及这项大工作将群众的关注点引入这个方向,政府主导,社会扶持,各方以自己的力量推动这项事业,为非物质文化遗产的长河引入新的水源,弥补了很多非遗文化通过师徒传承、家族传承等单一的传承方式缺陷。《伊斯坦布尔宣言》中提到"无形文化遗产的多种表现形式从主要方面体现了各民族和社会的文化特性"。对于许多民族,非物质文化遗产是识别本民族的标志,是维系社区生存的生命线,是民族发展的源泉。非物质文化遗产具有世界性和民族性,更多的群众通过全民艺术普及来了解这项文化,更多的人是以潜移默化的方式走上弘扬传承和全面保护的方向,在这群人中,全民艺术普及集结了一个大部队真正走上传承和保护之路。

二、非物质文化遗产对全民艺术普及的作用

（一）扩大全民艺术普及内容广度

《中华人民共和国非物质文化遗产法》规定："非物质文化遗产是指各族人民世代相传并视为其文化遗产组成部分的各种传统文化表现形式，以及与传统文化表现形式相关的实物和场所。"非物质文化遗产种类繁多，浩如星海，包括传统口头文学及作为其载体的语言；传统美术、书法、音乐、舞蹈、戏剧、曲艺和杂技；传统技艺、医药和历法；传统礼仪、节庆等民俗；传统体育和游艺，等等。这些海量的资源为全民艺术普及提供了丰富的素材和内容库。我们日常生活中最常接触到的乐器、歌舞、书画、曲艺等只是很小的一部分，而非物质文化遗产中的文学、艺术、民俗、技艺、礼仪、游艺等像是一个巨大的宝库，等待我们前去开发和再加工。这座图书馆般的宝库为全民艺术普及提供了灿烂瑰丽的储备资源，大大扩充了全民艺术普及的广度。

（二）增加全民艺术普及内容深度

全民艺术普及是一项范围大、力度大、时间长、程度深的工程。在这个工程中，输送给群众的除了日常普通的文化艺术，更为精髓的则是能表达中华传统文化的内容。全民艺术普及旨在满足不同群体的需求，促进中国文化艺术发展，推动文化艺术事业创新。非物质文化遗产自有的时代性与历史厚重性增加了全民艺术普及工作的深度，非物质文化遗产的文化内涵贯穿古今，流传下的都是千磨万砺的珍珠。时代筛掉了多余的糟粕，留下了与当今文明相合的精华。在全民艺术普及中，能感受到每种非遗文化所代表的民风、民俗、民情、民意，让全民艺术普及从更深处焕发出生机，让大众群体从外层触摸文化的命脉，感知文化血液汩汩地流动，从内心产生一种文化的凝聚力。群众由被动接受文化艺术到主动接受文化艺术，在这个质的飞跃中，全民艺术普及由浅入深，渗入人心。

（三）提高群众的重视度

全民文化艺术普及是新时代的要求，一项政令刚刚颁布之初，群众往往会疑惑或者不理解，这个时候需要一个切入点来抓住大众的心，让他们跨出第一步，感受不同。提到全民文化艺术普及，人们不一定都听过这个名词，但是提到具有群众基础的非物质文化遗产，则更知名的多。群众即使不精通，但都知道数种著名的非遗文化，并且大多数人都会对我们民族的文化遗产充满浓厚的兴趣。我们处于21世纪，一个全球化的新时代，在艺术普及之前，最能引起群众共鸣的是流传久远，具有广泛性、特色性、民族性的文化艺术。非遗文化召唤了第一批群众前来，帮助全民艺术普及工作展开。同时非遗文化自身也充满魅力，留住了群众的脚步。非物质文化遗产尤其是口头文化遗产，具有广泛性和共享性的特点，例如山歌、戏曲、对歌等，不是特定地区独有的，而是很多区域都共有的，群众在全民艺术普及中共同感受，共同享受，共同深入，共同创造，这无疑是一个把文化艺术由兴趣爱好当作自身责任去履行的过程。从主动到变动，从好奇到欣赏，从远观到深入，将别人的权益变为自己的责任，群众真正成为一个被时代凝聚起来的集体。

三、全民艺术普及与非物质文化遗产保护结合的策略

（一）加大对非物质文化遗产的推广与宣传

在全民文化艺术普及过程中，需要加大对非物质文化遗产的推广与宣传。目前国家正掀起一股"文化热"，文化大发展、大繁荣被提上日程，政府也在大力主导非物质文化遗产保护，在这样的环境背景下，相关部门应把握机遇，充分认识非遗文化在全民艺术普及中的重要作用，在推动群众文化发展、丰富群众业余生活、满足群众日益增长的精神文化需求上的重要作用，采取方式响应国家号召和民众需求，推出多种推广宣传方案，将二者更好结合。

（二）创新非物质文化遗产表现形式

非物质文化遗产作为历史的产物带有浓厚的时代性与特殊性，这些

特点一方面具有吸引当代群众的优点,另一方面也存在局限性,存在与新时代不相容的方面,在全民艺术普及过程中,相关单位可以将非物质文化遗产在一定程度内加以创新,融入新元素,减少原有文化冲突,加入当代人喜爱的、乐于接受的内容,例如,将传统的民族歌曲融入现代歌曲和舞曲中呈现,将旧的打造成更新更动人的艺术,综合利用新旧文化的闪光点,碰撞出新的火花。

(三)增加全民艺术普及者和非物质文化遗产保护者互动

全民艺术普及者要想深入了解非物质文化遗产保护工作,不仅需要了解文化本身,还要与非物质文化遗产保护者多互动,从根本意义上说,非物质文化遗产的保护,首先应该是对创造、享有和传承这一文化的人的保护;同时,对这一遗产的切实有效的保护,也特别依赖于创造、享有和传承这一遗产的群体。如此,可以保证全民艺术普及和非物质文化遗产保护工作在源头上得到最直接的成效,获得精准的定位,做出的方案也能综合体现双方特点,得到更好的结合策略。

全民艺术普及和非物质文化遗产保护工作是相辅相成,相互促进的,两者结合可以使群众文化工作更丰富、更多元化,也同时使全民艺术普及和非物质文化遗产保护工作得到更好的推进。二者都在中国的文化系统内,在文化大繁荣的环境下,我们要高度重视开展全民艺术普及非物质文化遗产保护工作的必要性,以对国家和民族及人类社会可持续发展的高度责任感,以科学和务实的态度与精神,切实做好我国全民艺术普及和非物质文化遗产的保护工作。

谈文化馆全民艺术普及的创新方式

（镇江市京口区文化艺术中心）

徐 莹

在当今社会，生活水平的不断提高使得人们艺术文化需求不断地加大，同时，全民艺术普及也成为当务之急——如何才能形成一个行之有效的机制来提高大众的艺术欣赏水平以适应精神文明不断进步的要求。文化馆作为全民艺术普及的一个重要场所，着重关注全民艺术普及在当今时代背景中的创新开展方式。

2015 年 1 月，中办、国办印发了《关于加快构建现代公共文化服务体系的意见》，《意见》要求"积极开展全民艺术普及"。在新的形势下，开展全民艺术普及，构建现代公共文化服务体系，是保障和改善民生的重要举措，是全面深化文化体制改革、促进文化事业繁荣发展的必然要求，是弘扬社会主义核心价值观、建设社会主义文化强国的重大任务。

艺术是民族精神的火炬，是时代前进的号角，最能代表一个民族的风貌，最能引领一个时代的风气。然而在新时期开展全民艺术普及就应该适应新时期的运营方式、适应新时期的群众需求、适应新时期的推广模式。长久以来，我们的学校教育、家庭教育、社会教育都以"德智体"教育为主，美育大多是缺失的，这逐渐体现在我们日常的生活中。究竟如何切实地加强美育，培养情感高尚、心灵美好的建设人才和公民，仍是当前公民教育事业中的一个重大课题。科学求真，人文求善，艺术求美。通过开展全民艺术普及，对全面提高国民综合素质有着极其重要的作用。因此此项工作刻不容缓,需要做好该工作应从以下几个方面着手。

一、推进政策制定落实,统一标准化

提升公共文化设施建设、管理和服务水平。健全公共文化设施布局、土地使用、建设规模、设计和施工规范及技术要求等标准。按照城乡人口发展和分布,坚持均衡配置、严格预留、规模适当、功能优先、经济适用、节能环保的原则,合理规划建设各类公共文化设施。结合基层公共服务设施建设,制定市、区(社区)综合公共文化服务中心建设标准,充分利用现有城乡公共设施,统筹建设集宣传文化、艺术教育等多功能于一体的基层公共文化服务中心,配套建设群众文体活动场地。坚持设施建设和运行管理并重,健全公共文化设施运行管理和服务标准体系,规范各级各类公共文化机构服务项目和服务流程,完善内部管理制度,提高服务水平。鼓励和引导社会力量参与。进一步简政放权,减少行政审批项目,吸引社会资本投入公共文化领域。建立健全政府向社会力量购买公共文化服务机制。出台政府购买公共文化服务指导性意见和目录,将政府购买公共文化服务资金纳入财政预算。推广运用政府和社会资本合作等模式,促进公共文化服务提供主体和方式多元化。鼓励和支持社会力量通过投资或捐助设施设备、兴办实体、资助项目、赞助活动、提供产品和服务等方式参与公共文化服务体系建设。推动建立健全公开透明的社会捐赠管理制度。鼓励党政机关、国有企事业单位和学校的各类文体设施向社会免费或优惠开放。创新公共文化设施管理模式,有条件的地方可探索开展公共文化设施社会化运营试点,通过委托或招投标等方式吸引有实力的社会组织和企业参与公共文化设施的运营。

二、推进"互联网+文化"战略,完善公共文化服务设施网络数字化建设

加快推进公共文化服务数字化建设。结合国家重大信息工程建设,加快推进公共文化机构数字化建设。统筹实施全国文化信息资源共享、农村数字电影放映等项目,构建标准统一、互联互通的公共数字文化服务

网络,在基层实现共建共享。提高资源供给能力,科学规划公共数字文化资源建设,建设分布式资源库群,鼓励各地整合中华优秀文化资源,开发特色数字文化产品。支持数字版权公共服务平台建设,实现公共数字文化资源有效保护。加强公共文化大数据采集、存储和分析处理。加快推进数字文化资源在智能社区中的应用,实现"一站式"服务。

提升公共文化服务现代传播能力。着眼于形成与我国经济社会发展水平相称的传播能力,加快构建现代文化传播体系,保障信息传播的高效快捷和安全有序。灵活运用宽带互联网、移动互联网、广播电视网、卫星网络等手段,拓宽公共文化资源传输渠道,打造全民艺术普及平台。

三、推进社会力量建设

促进城乡基本公共文化服务均等化。把城乡基本公共文化服务均等化纳入国民经济和社会发展总体规划及城乡规划中。根据城镇化发展趋势和城乡常住人口变化,统筹城乡公共文化设施布局、服务提供、队伍建设、资金保障,均衡配置公共文化资源。整合利用闲置学校等现有城乡公共设施,依托城乡社区综合服务设施,加强城市社区和农村文化设施建设。

拓展重大文化惠民项目服务"三农"内容。加大对农村民间文化艺术的扶持力度,推进农村艺术品牌打造、农村艺术活动和农村题材文艺作品创作。大力开展流动服务联动机和数字服务,打通公共文化服务"最后一公里"。

建立公共文化服务城乡制。以市级文化馆为中心推进总分馆制建设,实现农村、城市社区公共文化服务资源整合和互联互通。推进城乡"结对子、种文化",加强城市对农村文化建设的帮扶,形成常态化工作机制。

保障特殊群体基本文化权益。将老年人、未成年人、残疾人、农民工、农村留守妇女儿童、生活困难群众作为公共文化服务的重点对象。积极开展面向老年人、未成年人的公益性文化艺术培训服务、演展和科技普及活动。开展学龄前儿童艺术宣传工作和向中小学生推荐优秀艺术品牌、影片、戏曲工作。指导互联网网站、互联网文化企业等开发制作有利于青少年身心健康的优秀作品。将中小学生定期参加艺术普及活动纳入中小学教育教学活动计划。加强乡村学校艺术普及建设。公共文化服务机构要为残疾人提供无障碍设施，加强对残疾人文化艺术的扶持力度。加快将农民工文化建设纳入常住地公共文化服务体系，以公共文化机构、社区和用工企业为实施主体，满足农民工群体尤其是新生代农民工的基本文化需求。

文化馆作为国家设立的文化机构，所拥有和能提供的资源及经费必然都是有限的，如果想真正全面推进全民艺术普及工作，引进社会资金，社会人才是必需的，可以在教育实践中探索一套规范或成体系的艺术普及工作方法，依此培养一批合格的艺术普及管理人才。利用互联网大数据开展艺术普及工作的后续调查，从中得知工作开展的是否符合预期，效果如何，根据数据情况及时调度人力资源、调整授课内容，从而使得艺术普及工作更有效，资金、人力利用率更高。

四、推进文艺赛事活动、文化创作培训班推广

通过开展全民艺术普及，对全面提高国民综合素质有着极其重要的作用。积极开展老年大学艺术教育，如音乐、舞蹈戏曲、美术、书法等多类的免费艺术课程；与社区合作在馆内为农民工子女开办艺术培训班，与社区小学开设试验性质的艺术兴趣课程班，发现和培养文化艺术创作的优秀人才；利用法定假日在敬老院，社区、公园等地为群众提供各类文艺演出；定期举办全民参与性质的画展及摄影展，并进行公开展览。

五、推进品牌建设，打造一人一艺全民艺术普及品牌

积极开展全民艺术普及、全民健身、全民科普和群众性法治文化活动。实施基层特色文化品牌建设项目，以富有时代感的内容形式，吸引更多群众参与文化活动。开展健康有序的广场文化活动。品牌是一个地方特色的标志是发展其人文环境和时代风貌的有力抓手，文化馆要提高文化服务的质量和品位，就要增强品牌意识，坚持个性化服务，努力彰显具

有自己特色的文化品牌。我们知道我国地大物博,由于地域、民俗、民情等因素的不同,文化也各有差异。因此,文化馆开展工作,应当从当地实际情况出发,要找符合群众需要、对准群众口味的各种载体,不能盲目追从,效仿其他各地的做法,应根据本地的文化资源使其成为本地文化馆独具特色的文化名片。宜兴紫砂壶,大家都知道。宜兴市基本是家家会制壶,户户善刻字。就是因为他们形成了自己的规模,形成了自己所特有的名片,才使得宜兴紫砂响遍全国,为世人称道。还有天津的杨柳青、东北的二人转等。文化馆想做好全民艺术普及也是一样,要想发展就必须要有自己的特色,把具有当地特色的这台大戏唱好唱响,找到自己的切入点,突出个性化服务,打造特色文化品牌。比如我市开展的一人一艺全民艺术普及活动,旨在推动全民参与文化活动,扎实开展全民艺术普及工作,切实提高全市人民的艺术素养和审美水平,营造浓郁的艺术氛围,进一步提升全市作为历史文化名城的文化品位和魅力,力争让全市的孩子都能有一门自己了解和接触过的艺术门类,走进艺术的殿堂,指引前进的方向。

几十年来,全国各级文化馆一直致力于文化艺术的普及,特别是近年来,随着免费开放的深入推进,文化馆更是把开展全民艺术普及和非物质文化遗产宣传保护工作,作为自己的重要工作,着力构建覆盖城乡一体化、门类齐全、生动活泼的全民艺术普及体系,举办丰富多彩的文化艺术活动,并取得了有目共睹的成绩。我们在文化馆的日常工作中只有在全民艺术普及的工作上多下功夫,不断前行和改进,才能让艺术的功能充分发挥,才能更好地保障人民群众的基本文化权利,才能向实现中华民族伟大复兴的中国梦不断迈进。

开展少儿培训　普及全民艺术

（句容市文化馆）

何　伟

少年儿童是祖国的未来和希望,今后将担当国家建设的重任,是实现中华民族可持续发展的新生力量。少年儿童的艺术素养将直接影响到他个人的成长和对社会的贡献,而小学阶段是艺术教育的关键时期,把握这一时期,激发孩子们对艺术的兴趣,将对他们的一生产生深远的影响。推动全民艺术普及从小学生开始抓起,开展少儿艺术培训,提升孩子们艺术素养,显得尤为重要。文化馆是政府设立的公益性文化事业单位,应积极探索,认真研究,努力搞好少儿艺术培训工作,成为开展少儿艺术培训的主阵地。

优秀的文化艺术在建设社会主义文化强国过程中充分发挥着"引领、教育、服务、推动"的重要作用,作为一个有着悠久历史的文化大国,就当前的时代背景,通过在基层群众喜闻乐见的活动中进行全民艺术普及,将会潜移默化地丰富人民的精神世界,进而增强全民族文化创造的活力,提高国家文化软实力。

开展全民艺术普及的工作方式包括讲座、展览、各类文艺演出、艺术培训班等,其中开展少儿艺术培训,是主要的方式之一。

实践证明,全民艺术也要从娃娃抓起,这是一举多得、事半功倍的大好事。

艺术普及属于"美育"教育,但长久以来,我们的学校教育、家庭教育、社会教育都以"德智体"教育为主,美育大多是缺失的,切实地加强美育,培养情感高尚、心灵美好的建设人才和公民,仍是当前公民教育事业中的一个重大课题。科学求真,人文求善,艺术求美。通过开展少儿艺术培训,对全面提高国民综合素质有着极其重要的作用。

文化馆是政府设立的公益性文化事业单位,应积极探索,认真研究,努力搞好少儿艺术培训工作,成为开展少儿艺术培训的主阵地。

一、开展少儿艺术培训,全民艺术普及从小学生开始抓起尤为重要

少年儿童是全民中一支队伍庞大且异常活跃的群体,全民艺术普及离不开儿童。

人的一生,好习惯都是从小养成并受益终身的,艺术也不例外。少年儿童是祖国的未来和希望,今后将担当国家建设的重任,是实现中华民族可持续发展的新生力量,少年儿童从小培养的艺术素养将直接影响到他个人的成长和对社会的贡献。更主要的是少年兴则国兴,少年强则国强,少年儿童艺术素养的提高,必将带动全民艺术素养的提高。同时,一个学生就可以带动一个家庭,一个家庭可以带动一个社区,进而营造全民艺术普及的氛围。

提升孩子们艺术素养,一项重要的工作就是艺术培训。少年儿童正处于身体生长发育的重要时期,且接受新鲜事物的能力最强,在这一阶段适时地对他们进行科学正规的艺术训练,是促进儿童良好身体素质的有效时机,作为孩子的基础教育之一,不仅能使他们从小有机会接触艺术,感受到艺术之美,使他们的生活更加丰富多彩,更能使他们具有健康的体魄、高雅的气质和端庄的仪表。

少年儿童还处在小学阶段,小学阶段也是艺术教育的最佳时期,在应试体制的框架下,小学阶段学习任务较轻,有较为充足的时间,而一旦进入中学,升学的压力,让学生难以顾及。

句容少儿故事创作演讲是培训强项,多年来培养了许多故事手,尤其是故事大王,有的顺利地考入艺术院校,有的进入社会后成为部门骨干。

实践充分证明,把握这一时期,激发孩子们对艺术的兴趣,将对他们的一生产生深远影响。

因此,推动全民艺术普及应从小学生开始抓起,开展少儿艺术培训,提升孩子们的艺术素养,显得尤为重要,应将其作为全民艺术普及的一项重要工作来抓。

二、少儿艺术培训是文化馆义不容辞的责任

近年来,少儿艺术培训市场日渐红火,除作为教育主渠道的学校越来越认识到艺术教育的重要并把它作为素质教育的重要内容和手段加以重视外,各种社会组织和个人也纷纷看好这一市场。但在高速发展的同时,也滋生出许多问题。一是机构无序竞争。在众多举办者中,除企事业单位和极少数个体民营者具备社会力量办学许可证和其他一切必备证照而合法开班,实行规范化的管理外,有一部分处于私下办班、无序管理状态。二是执教水平参差不齐。有的老师甚至无执教资格。三是收费标准缺乏依据。一个办学点一个收费标准。

文化馆是政府设立的公益性文化事业单位,是开展群众活动的主阵地。2015 年 1 月,中办、国办印发了《关于加快构建现代公共文化服务体系的意见》,《意见》要求"积极开展全民艺术普及"。开展全民艺术普及,是党和政府在新时期交给文化馆的一项重要任务,也是文化馆不可推辞的重大责任和历史使命。

少儿艺术培训是开展全民艺术普及的一个部分,文化馆开展少儿艺术培训活动,可以大大满足本地区孩子的求学需求,扩大文化馆服务群众的手段,满足各年龄段群众的需要。

在文化大发展、大繁荣的现阶段,在当前学员拥有更大选择权的社会艺术培训市场中,文化馆的责任与使命要求文化馆充分发挥自身的功能和优势,以规范的管理、优质的师资、周到的服务及良好的文化氛围,发挥出在少儿艺术培训工作中的重要性,在儿童艺术培训中起主导、表率作用,使少儿艺术培训有序、规范地进行。

近年来,句容文化馆根据自身的条件及实际情况,在开展全民艺术普

及工作方面进行了积极探索,以少年儿童为培训群体,常年开设书法、绘画、舞蹈、歌唱、故事演讲、器乐等多类少儿艺术培训班,使少年儿童的艺术普及活动丰富多彩。石见松剪纸是句容的非物质文化遗产保护项目,文化馆在茅山镇聘请石见松为老师,利用小学美术课,组织学生参加剪纸兴趣小组,开展少儿艺术培训,对小学生传授剪纸艺术,辅导培养了大批剪纸艺术人才,为弘扬祖国的民族文化做出了贡献。

举办文化艺术活动,是文化馆开展少儿艺术培训活动的一大优势,多年来,句容文化馆不断举办全市范围的少儿文化艺术活动,如器乐、舞蹈、少儿创作故事演讲大赛等,通过这些活动提供展示平台,检验培训效果,更激发了孩子们的兴趣与家长的积极性,营造出了艺术普及的良好环境。

三、增强文化馆开展少儿艺术培训的实力

几十年来,各级文化馆一直致力于文化艺术的普及,特别是近年来,随着免费开放的深入推进,文化馆更是把开展公益艺术培训和艺术普及包括少儿艺术的培训,作为自己的重要工作,着力构建门类齐全、便捷高效的公益艺术培训体系,举办丰富多彩的公益文化艺术活动,取得了有目共睹的成绩,赢得了广泛的社会声誉。然而,不得不承认,开展少儿艺术培训工作实践中仍然存在一些问题,如师资队伍人才不足、自身素质有待提高、城乡发展不平衡等,需要从以下几个方面着手解决。

1. 加强师资队伍的建设

文化馆作为国家设立的文化机构,所拥有和能提供的资源必然是有限的,人才青黄不接,业务人员老龄化,是普遍存在的问题。拿句容文化馆来说,能够胜任少儿培训的业务干部本来就不多,加上近年来退休人员增加,业务干部愈加不足,师资力量愈加薄弱。而随着人民生活水平的提高,广大少年儿童接触艺术的需求越来越大,文化馆有限的人力资源,无法满足目前越来越大的需求。为保证足够的业务干部,要在原有的编制外,增加编制内及社会化用工等形式,招聘有大专以上文凭,有专业特长的人员,并引进社会人才,兼任培训老师,加强师资队伍的建设。

同时,文化馆工作者必须转变观念,提高自身素质,及时调整角色,适

应新岗位的需要。文化馆是各门类艺术专业人才相对集中的单位,应充分利用自身优良的师资资源,转换角色,把教师队伍的建设作为办学的首要环节来抓,以教师自身的良好师德和精湛技艺赢得社会的认同。

2. 加紧与社会各界的联系

少儿艺术培训涉及方方面面,孩子的参与,要有家长的配合;工作的开展,要有教育的支持;激发孩子的积极性,要有广播电视等部门提供展示平台。一句话,少儿艺术培训离不开与社会各界的互动,为此,要加紧与社会各界的联系,建立全民艺术普及联席会议制度,联合市教育局、市广电台等部门及社会艺术联盟机构,开展跨部门、跨行业、跨区域的文化艺术资源共享互动,为少儿提供更广阔的艺术发展空间与服务。为全民艺术普及、少儿艺术培训服务提供保障。

3. 提升服务乡镇的能力

全民艺术普及应覆盖城乡,少儿艺术培训应城乡均等,但从目前情况来看,全民艺术普及包括少儿艺术培训,城乡发展极不平衡,城区明显强于乡镇,城区红红火火,而一些乡村却冷冷清清,这都是由于力量与市场的因素造成的,文化馆的机构设置人员结构无法满足艺术普及、少儿艺术培训工作的全面展开。因此,要提升服务乡镇的能力,加快形成文化馆服务城乡统筹、互联互通、便捷高效的管理运行机制,构建起城乡一体化文化馆总分馆服务体系,发挥文化馆总分馆的优势,协调全市的培训等活动及设施设备,下派文化专业干部,为分馆提供资源、服务、技术、资金等支持,解决体系运行、资源整合、城乡均等的问题。

《关于加快构建现代公共文化服务体系的意见》是在构建现代公共文化服务体系、建设社会主义文化强国背景下对文化馆提出的更高要求。面对时代的重托和人民的希望,文化馆应一如既往,勇敢地承担起这一光荣的使命,并在履行这一职责和使命的过程中更好地凸显文化馆在全民艺术普及和公共文化服务中的突出地位,开启文化馆事业新的篇章,书写更多的精彩。

兮兮"非遗" 芊芊"乐音"

——浅谈"白蛇传说"与音乐创作

（镇江市润州区文化馆）

乔 治

"白蛇传说故事"作为江苏镇江的一项国家级非物质文化遗产，其相关作品在表现形式上缺少民乐体裁。作者广搜各种素材，创作了交响乐二胡协奏曲"《白蛇随想——断桥》"。以非遗"白蛇传"的故事为主线，通过经典与民乐的对话，使交响乐与非物质文化遗产背后的"乡愁"实现了深度契合。借助基金，通过建立档案库和力争成为传播管理者，做好非遗的能动传承工作。

在写此文前，刚刚接到江苏省文化厅通知，由我创作的交响乐二胡协奏曲《白蛇随想——断桥》获得了江苏省艺术基金的正式立项。这对我一个基层群文工作者来说是个莫大的鼓舞。我想也是因为涉及"非遗"的缘故，使得此曲有了新意，正好借此文谈谈感受。

一、创作背景

古代镇江名为"朱方""京口""润州""南徐州"等地名，足显其特殊的地域位置、文化交融、历史积淀，拥有了众多的非物质文化遗产，可谓文化珍宝。"白蛇传"故事是江苏镇江的一项国家级非物质文化遗产，是中国四大"浪漫主义"爱情传说之一。这个故事千百年来在汉族民间借助于评书、戏剧等形式广为流传。它和其他三个民间故事"牛郎织女""孟姜女哭长城""梁山伯与祝英台"极大丰富了中国民间浪漫主义爱情文化,对广大民众的生活有着深刻的影响,也从一个侧面反映了人们对真挚感情的认可。江苏镇江围绕"白蛇文化"创作、引进了很多成熟的作品,但是表现形式上唯独没有民乐的体裁。然而,民族音乐又是表现古老"非遗"的绝佳载体,成为其历史的积淀和文化见证的一部分。

"非遗",有着浓厚的文以化人的礼乐作用,大部分是先辈在劳动、生活中产生的对忧乐、生死、婚配、祖先、自然、天地的敬畏与态度的表达,是满足人的自然需求、社会需求和精神需求的活态文化。它不脱离民族特殊的生活生产方式,有着民族个性、民族审美习惯。依托于人本身而存在,以声音、形象和技艺为表现手段,并以身口相传作为文化链得以延续。而我们的音乐创作最重要就是"素材","素材"又不是凭空捏造和想象的,是来源于生活的。"非遗"便给了我们一个很好的、实实在在的"素材"。非遗语境下音乐的传承推广,需要基于对非物质文化遗产的内容概括及价值定位来进行全方位的实践。由此,2012 年我便着手搜集各种"白蛇传说"的素材,历时 4 年,终于完成了此作品。

二、乐曲内容与形式

《白蛇随想——断桥》,主线便是非遗"白蛇传说故事",每一段旋律都是随着故事的发展而写,用音乐描绘这个凄美的爱情故事。全曲分为四段,分别是千年之约、清明游湖、断桥离恨、西湖重逢。第一段描写了江南雨,西湖上美景如画,二胡声里伴随着一股淡淡的忧伤和无奈,接着是一串长调如泣如诉、如怨如慕地响起。白娘子已破茧而出幻为人形,来到杭州西湖寻找前世救命恩人小牧童。清明佳节,烟雨蒙蒙,"有缘千里来相会,须往西湖高处寻"。第二段"清明游湖",断桥处,碧水涓涓,芳草萋萋,一年一度春又回;阡陌烟寒,平波卷絮,莺莺燕燕嬉戏穿杨柳,梧桐梢缀相思句。描绘了清明游湖的喜悦。第三段"断桥离恨"表现了二胡音乐悲的本质,一场旷世的情爱,终因可恨的法海老和尚的出现而终结。将白娘子收进金钵,压在了雷峰塔下,把许仙和白娘子这对恩爱夫妻活生生地拆散了。作品在这一段气氛推至高潮。第四段旋律上又回到了第一段,给人以回味,并以"西湖重逢"的画面给人以遐想。

综观全曲,经典与民乐的对话,使交响乐与非物质文化遗产背后的"乡愁",实现了深度契合。我力图让音乐作品融通出新,既是取决于家乡传说文化的厚重和镇江非遗资源的得天独厚,同时也得益于近些年来非遗保护工作的大力推进,成果显著,促使我灵感迸发,克难求进,写成此曲。

全曲的创作紧紧扣住了国家级"非遗"——白蛇传说。音乐描绘了故事中所讲述的画面。"非遗"的元素给了乐曲生命和张力。"国学"与"非遗"这些概念,已深入人心,不仅要成为文艺创作者自觉利用的素材,也会成为老百姓艺术生活中的"高频词"。我以自己的创作阐述了"非遗"元素在音乐创作中的重要性,也希望能引起各位音乐创作人对"非遗元素"的重视。

三、借助基金,做好能动传承

推广和发展非遗"白蛇传"相关的民族音乐,促使非遗及其相关产品的活态化保护,促进民族音乐的现代价值挖掘,是当下文艺工作者的重要课题。

省级艺术基金的扶持,如同春风催花。我要将《白蛇随想》打造成一个知名品牌。在镇江县市区音乐厅、广场进行演出推广,力争形成广泛影响,被人乐道。并从以下几个方面努力:

1. 建立《白蛇随想——断桥》的精准档案库

借鉴国家文化部全面启动了京剧"像音像"工程,工程选取当代京剧名家及其代表性剧目,采取先在舞台取像、再在录音室录音、然后演员给自己音配像的方式,运用现代科技手段,反复加工提高,留下最完美的艺术记录。笔者认为,在《白蛇随想——断桥》档案的完善过程中,也可借鉴这一做法,运用现代化技术,保存下这个曲目最完美的记录。同时,借力文化部门,组织相关社会团体、本土音乐舞蹈人士、"非遗"传承人、高校研究团队等,共同参与到建档工作中。多方联动,力争建立一个"白蛇传"音乐舞蹈类"非遗"的精准档案库,给能动传承打下原样保护的坚实基础。

2. 力争成为《白蛇随想——断桥》的传播管理者

传承人是非物质文化遗产的重要承载者和传播者。我力争成为《白蛇随想——断桥》的传播管理者,并以润州文化馆为基地,培养一支年龄结构优、技艺水平高、艺术修养强的音乐人队伍;吸纳更多的民间艺人和青年艺术工作者走上职业化发展道路,成为"非遗"项目音乐舞蹈创作者和推广者。我们润州辖区内有两所高校,一所职业学校,音乐专业、舞蹈专业的学生在学校接受正规、专业的理论及技艺学习,具有较好的音乐素养和专业底蕴,在这样的学业背景、文化背景下,培养他们的文化自觉意识,学习、掌握非遗项目音乐舞蹈类节目的理论与技巧。借助好高校的教学与科研力量,积极推动镇江"非遗"音乐舞蹈类的能动传承。

创新整合文化资源
推进全民艺术普及

（镇江市润州区文化馆）

张晓波

开展全民艺术普及工作,能保障人民群众的基本文化权益,提高国民综合素质。这项工作,当下也面临诸多问题,本文拟从抓手、载体、契机、途径等方面论述县(区)基层文化馆如何创新整合文化资源,推进全民艺术普及工作。

当下,全国各族人民正按照党的十八大确立的奋斗目标和党的十八届三中全会提出的改革任务,一步一步向着实现"两个一百年"奋斗目标、实现中华民族伟大复兴的中国梦迈进。在这当中,举精神之旗、立精神支柱、建精神家园、聚中国力量、锻中国品质、树中国尊严、铸中国灵魂,都离不开艺术。艺术具有审美功能、认识功能、教育功能、娱乐功能。所以,开展全民艺术普及,一方面,有利于更好地保障人民群众的基本文化权益;另一方面,则有利于充分发挥艺术的功能,引领时代风尚,鼓舞人民前进,推动社会进步。

一、全民艺术普及的由来和重要性

1915 年 8 月,江苏省通俗教育馆创建于南京。这是近代中国设立最早、影响颇大的通俗教育机构。该馆主要以"开通民智,改良风俗"为宗旨,开展综合性的社会公众教育,传播科学文化知识,借以提高广大国民的整体素质。当时该馆设有"博物、图书、音乐、体育、讲演"诸部,包括通俗讲演所、图书馆和公共体育场等。新中国成立后的文化馆,则继续承担了类似的职能,为新中国的文化工作发展起到了积极的作用。如果把第一所民众教育馆的成立算作文化馆的前身,到 2016 年 8 月,文化馆刚好走过 101 年的历史。

而长久以来,我们的学校教育、家庭教育、社会教育都以"德智体"教育为主,美育大多是缺失的,这逐渐在我们日常的生活中体现。美育思想的重要性不仅不能忽视,在今日的中国似乎有着更加重要的现实意义。

究竟如何切实地培养情感高尚、心灵美好的建设人才和公民,仍是当前公民教育事业中的一个重大课题。科学求真,人文求善,艺术求美。通过开展全民艺术普及,对全面提高国民综合素质有着极其重要的作用。2015 年 1 月,中办、国办印发了《关于加快构建现代公共文化服务体系的意见》,《意见》要求"积极开展全民艺术普及",这是党和政府在新时期交给文化馆的一项重要任务,也是文化馆不可推辞的重大责任和历史使命。

二、当下开展全民艺术普及工作存在的问题

通过走访、调研并分析县(区)级及以下基层文化馆的情况,我们发现了新形势下,开展全民艺术普及工作的问题所在。

人、财、物的限制。随着人民生活水平的提高,广大人民群众有了相对更多的空闲时间,群众接触艺术的需求越来越大,而县(区)级文化馆人力、财力资源都有限,无法满足目前群众越来越多的文化需求。这不能不说是一个困境。

随着城镇化进程的加快,特别是润州区,原先属于市郊区,近年成为镇江主城区,乡村逐渐消失,城市出现了大量新社区,而文化馆的机构设置人员结构跟不上这种快速变化,许多新形成的集居社区人口是以往村庄的数倍,然而这些社区及涉农社区有些处于文化真空区域,艺术普及工作无法有效深入地开展。

互联网、移动互联时代的到来,已在深刻改变人们的生活方式,传统艺术普及工作方式显然已经跟不上时代的步伐了。不得不说,传统的艺

术普及工作方式主要面对的还是中老年人和少年儿童。而对于"网络一代"仿佛隔了一道墙,无法有效地沟通,他们的内心期望、接受方式都是完全不一样的,这是一个需要在发展中解决的课题。

所以,润州文化馆根据自身条件和时代需求,根据中办、国办印发了《关于加快构建现代公共文化服务体系的意见》的相关要求,大力整合资源,积极探索、创新艺术普及方式,多维度实施"全民艺术普及工程",不断提高润州群众的艺术审美水平。

三、整合资源推进全民艺术普及的几点做法

1. 免费开放,成为艺术普及的有力抓手

我馆所有设施全年免费开放,常设音乐、舞蹈、戏剧、健身 4 大类培训,含 10 多小项。除日常培训外,还组建了阳光合唱团、舞蹈队、扬剧、锡剧演出队伍,并下派教师,以点带面引导基层群众文艺团队的发展。此外,还邀请扬剧大师姚恭林、扬州评话大师黄俊章、镇江艺术新秀、镇江市阅读推广人等名师不定期举办艺术讲堂,形成了"季季有讲座、月月有培训、周周有活动"的艺术普及格局。仅 2016 年上半年,就组织免费培训 6 期,扶持文艺团队 9 支,累计培训数千人次。每项培训授课时间和人数都在润州文化馆网站上公示并常年接受报名,同时充分注重向外来务工人员、下岗人员等弱势群体倾斜。

2. 搭建平台,群文活动成为强大载体

将艺术活动普及与"家在润州""润心大舞台""润心书场"等群文品牌有机结合,我馆组织文化志愿者、演出团队,特别是经过培训的学员,走进社区、学校、企业、农村,开展公益演出、讲座、展览等培训活动。2016年以来,"家在润州"广场活动共演出 28 场次,并协同文联、摄影家协会等组织的艺术展览 10 多场,演出及展览内容涵盖器乐、声乐、舞蹈、戏曲、美术、书法、摄影等诸多文化艺术门类,参加对象和观众数万人次。在全市首届"金山合唱节"演出中,完全由接受艺术培训的群众,组成的老年合唱队——阳光合唱团晋级决赛,获得优秀奖的好成绩。2016 年,"润心书场"继续开讲,分别演出扬州评话(弹词)《芙蓉锦鸡图》《玉蜻蜓》《三

笑》全本,共 60 多场,场场爆满,听众达 3000 多人次。我馆"送艺术"到拆迁小区"凤凰家园",在社区开设了"润心书场"分场,由区文化馆邀请省级非遗传承人、扬州评话大师黄俊章先生演出《八窍珠》,为群众免费表演,广受好评。

3. 参与培训,培育艺术名师的大好契机

为培养润州文艺行业的拔尖师资力量,让他们接受前沿的文艺理念,引领全区群众文化不断向规模化、集群化、精品化方向推进。2016 年上半年,我馆选送业务副馆长、镇江市文艺新秀孙秋霞老师参加在昆山举行的编导高级研修项目;选送三位舞蹈人才参加市文化馆举办的广场舞培训,选送创作室老师参加全国阅读推广人培训。以艺术教师群体参加高端培训为契机,不断完善润州文艺人才"自身造血"的培养机制,"以点带面"夯实公共文化服务平台建设。在教育实践中,探索一套规范或成体系的艺术普及工作方法,培养一批合格的艺术普及人才。

4. 借力网络,依托新媒介拓展全新途径

我馆积极参与润州公共文化数字平台建设,办好"润州文化馆"官方网站,通过馆长微信群、文化 QQ 群等,及时上传各类艺术普及的信息,开设润心艺术、网上展厅、群文活动等栏目,以生动有趣的方式和多种多样的途径,不断扩大艺术欣赏普及面。让群众可以在网上、掌上随时随地接受文化艺术教育。学员还可通过微信群与授课老师进行沟通,深入学习。目前,润州区既有大型演出、讲座、展览等艺术欣赏"甘霖",也有微展览、微演出、微讲座等艺术培训的"滴灌"。我们还将利用互联网数据开展艺术普及工作的后续调查,从中得知工作开展得是否符合预期,效果如何,根据数据情况及时调度人力资源、调整授课内容,从而使得艺术普及工作更有效,资金、人力利用率更高。

无论是科技人员、白领还是工匠,工作与创新没有艺术灵感、没有一点文化品位,是很难做到的。现代公民都应该有一些文化情趣、文化爱好、艺术偏好。所以,各种不同年龄、身份的群众都要积极地参加文体活动,不要觉得只有退休人员才能参加群众文化活动。全民艺术普及就是要达到全民文化艺术素养的普及和核心价值观的养成。

　　如果将群众文化普及工作打个比方,就是"夯实平原,形成高原,隆起高峰",我们目前还在第一阶段艰难摸索。"酒香不怕巷子深"——润州区文化馆虽处于深巷之中,但是我馆将全民艺术普及工作放在重中之重的位置。我们坚信,通过大家坚持不懈的努力,不断整合公共文化资源,积极开展艺术普及,引领时代风尚,鼓舞人民前进,不忘初心,不负前人,创造和铸就基层文化馆事业新辉煌。

浅谈文化馆如何实现全民艺术普及

（镇江市文化馆）

汤小河　霍　力

本文通过对推进全民艺术普及的思考,结合目前各地公共文化服务的现状,指出文化馆在全民艺术普及中应体现的态度。强调只有深入推进免费开放,实行总分馆制,切实有效地实现全民艺术普及,方能确保公民基本公共文化权利均等享有。

有一首名叫《见与不见》的诗歌中写道:"你念,或者不念我,情就在那里,不来不去;你爱,或者不爱我,爱就在那里,不增不减;你跟,或者不跟我,我的手就在你手里,不舍不弃。"这首诗原本表达的是对爱的坚守和执着,而这种无私的、默默奉献爱的精神,这种对爱的态度,或许正是我们文化馆人对待全民艺术普及应持有的态度。

当前,无论是免费开放也好,全民艺术普及也好,部分文化馆采取的方式仍是单一给予,有些地方甚至因为过度强调"普及度""参与度"而最终奉行形式主义,造成工作走过场或者制造假象。如此行事实在有违党和政府的良好初衷,同时也浪费了国家财力和社会公共资源。我认为在全民艺术普及中,必须强调公民享有文化权利的自愿原则;应该注意引发公民的积极性,将被动接受变为主动参加;需要引导公民在自身参与文化艺术活动、享有文化权利的同时,做到不侵犯其他公民的文化权利。我认为在推行全民艺术普及时,就像上面诗歌中表达对爱的态度一样,一方面要坚守和执着,一方面也要注意不能过分"侵入""强制"。对文化馆来说,我们只有做好应该做的、能够做的,吸引、引导、激励民众及社会团队自愿参与、主动参与、正确参与,稳健、持续推动全民艺术普及工作,保证公民基本公共文化权利有效享有。

我认为文化馆可以从以下三个方面着力打造并实现全民艺术普及:

(1)从文化馆的架构设计来看,实施总分馆制改革,打通公共文化服务"最后一公里",实现资源共享。

(2)从全民艺术普及形式来看,需要继续深入免费开放,切实保障公民基本文化权益。

(3)从实施效果来看,文化馆的各项服务政策和标准的制定必须着力于"均等化"的宗旨。

一、实现总分馆制改革,推行全民艺术普及

当下正在实行的总分馆制改革,为文化馆推行全民艺术普及做了先行组织架构铺垫。目前我国大部分文化馆的实践模式及实际操作多集中在以契约或政府推动作为依据,实现人财物在总分馆之间所有权、管理权的分配模式,并结合资源共享来达到总分馆建设的实施效果。对于覆盖全社会的公共文化服务体系而言,在一个地区或一个城市中,以独立建设、单体运营的文化馆集合来构建文化服务体系,不仅不利于实现普遍均等的文化服务,还影响公共财政资本运营的效率,且不能保证政府实施成本的最小化。因此,全面推行文化馆的总分馆制,形成以城市中心馆为核心,覆盖城乡的文化服务网络,并实现资源最佳配置,成为公共文化服务均等化,成为今后两年文化馆建设发展的主要方向。毫无疑问,总分馆的模式设计将是实现总分馆制成功实施的关键。笔者认为具体采用哪种模式仍取决于各地政府的支持度、财力及现有文化馆设置的情况。在实际应用中应量体裁衣,选择最适合当地情况的方式逐步推进,但最终都达到纯粹总分馆制的建设目标。

对于总分馆制建设,首先需要确立科学合理的资源配置与管理模式外,我们还需要结合考虑以下几点:

(1)公共文化服务体系及总分馆制建设的法律保障。针对已提交审

议的公共文化服务保障法,各地政府应积极制定相应的实施细则以提供总分馆制建设的法律保障,并完善公共文化服务的管理和投入机制等。

（2）各地应结合地理情况,制定各总分馆的服务标准以促进基本公共文化服务的全民艺术普及。

（3）根据城市和社区人口分布,统筹规划和合理安排总馆、分馆的设立。

（4）在加大政府投入的同时,重视引入社会力量共同建设。同时吸引社会各界人士参与总分馆的管理、社会评估等。

我们需要以选择总分馆的资源配置和管理模式为核心,围绕上述四个关键点建立总分馆制体系,促进全民艺术普及工作的开展。

二、深入推进免费开放,推动全民艺术普及

免费开放作为文化馆推动全民艺术普及的主要方式应继续深入推进。除了进一步拓宽免费开放的服务领域和手段,把免费开放落到实处,加大免费开放投入及基础设施建设、加强免费开放的群文人才队伍建设外,还应加强免费开放所面向人群的全面覆盖。现在参与免费开放的人群以老年人和少年儿童为多,中青年人群的自愿参与率不高。为保证惠及人群的全覆盖,我们建议文化馆增加对中青年人群的影响力,将免费开放纵深发展以惠及中青年群体。比如:增加面向中青年的数字文化服务,方便他们利用工作或学习的间隙吸取艺术营养;提供与少儿的文艺培训相配套的衍生服务,在少儿参加培训的同时段,就近举办相应班次的父母讲堂、艺术培训等,以便在孩子接受艺术培训时,等待孩子的父母可以利用这段时间接受艺术教育,这样做还可以避免父母们在室外空等,一举多得;另外,目前商业性的亲子活动很多,但由文化馆牵头免费提供的亲子文化活动却很少,文化馆完全可以这类活动为契机吸引中青年加入,由此产生"滚雪球"效应,进而惠及这个群体。

我们建议在完善基本公共文化服务标准定义的时候,清晰识别属于基本公共文化服务范围的服务项目。文化馆也需切实了解公民的真实需求,将免费开放落到实处,同时进一步优化免费开放的服务效能,将有限

的资源更加有效率地运用,切实推进全民艺术普及,保证公民的基本文化需求得以满足,使其平等享有基本文化权利。

三、把握"均等化",推进全民艺术普及

2015 年 1 月,中办、国办印发了《关于加快构建现代公共文化服务体系的意见》,《意见》要求"积极开展全民艺术普及"。在我看来"全民艺术普及"中的"全民""普及",可以看作保障公民基本文化权利的另一种"诠释"。

文化馆在现阶段的政策框架和发展现状下,应着力于积极参与制定各地区的公共文化基本服务标准并有效实施,以推动全民艺术普及。这不是一件轻而易举的事情,也不可能一蹴而就。各级文化馆可以利用多年开展公共文化服务"实战经验",根据社情民愿,以了解和评定公众基本文化需求为突破口,协助并敦促政府制定不同级别的文化服务标准。对于人而言总是存在着先天或是后天在身体、文化和经济上的差异,需要以某些不平等的方式来促进并最终确保全民达到平等、公平地享有基本公共文化服务。比如对于弱势人群,提倡给予不平等照顾也只是为了让他们能具备与普通人一样平等享有基本公共文化服务的能力。文化馆可凭借多年开展基层文化服务的厚实基础,联手妇联、残联、社区居委会、派出所及社会志愿者团体,成立"大公共文化服务框架",根据实际情况配合政府制定出特别标准以确保这类人群的文化权利的平等享有。

从另一方面来看全民艺术普及,提供、参与和享有是一个互动的过程。如果我们一味单边注重提供、给予而忽略了公民的参与程度或者提供的服务与公民需求不相匹配,则这种供给可能是不经济的、甚至是无效的。笔者建议在制订基本公共文化服务标准和细则时,应适当增加反映公民反馈指标,并在有条件的情况下逐步增加公民满意度指标。文化馆只有真正建立群众对基本文化服务的评估体系和反馈机制,才能切实保证均等化享有的实现。

四、结　论

　　全民艺术普及是保障公民基本公共文化权利的又一诠释和手段,我们一方面要保证文化资源的均等供给和对文化权利享有的正确引领,另一方面也要保证公民的自我选择权及个人需求多样性的满足,同时还要注意激发公民的积极主动性,才能持续、切实推进全民艺术普及。就像文中所提到的,文化馆可以做好该做的、给予所能给予的,只有坚守对公共文化事业的执着,追求为人民无私奉献的精神,才能真正保障公民文化权利,实现文化大繁荣大发展。

浅议全民艺术普及中数字化群众文化服务的现状和对策

（镇江市文化馆）

张　杰　顾　萍

本文系统地分析了数字网络时代群众文化服务的现状，并针对目前现状提出对策。

党的十八届三中全会明确提出，要构建现代公共文化服务体系。要建立公共文化服务体系建设协调机制，统筹服务设施网络建设，促进基本公共文化服务标准化、均等化。要建立群众评价和反馈机制，推动文化惠民项目与群众文化需求有效对接。各级文化馆作为我国公共文化服务体系建设的重要载体，必须要适应新形势、新发展赋予的新任务，结合数字化时代的特点和趋势，整合各方资源，创新服务理念，积极探索群众文化服务的新模式。

一、数字网络时代群众文化服务的现状

作为国家设立的公益性事业单位，各级文化馆肩负着丰富群众文化生活、保障群众基本文化权益、提供基本公共文化服务的重要职能。但是，在当今这个数字网络的时代，文化馆在服务理念、服务手段和服务形式上却显得相对滞后。主要表现在：

1."一厢情愿"式的文化服务与群众的实际文化需求背离

多年以来，我们的文化惠民活动都是采取政府下单、文化做菜、群众吃饭的服务模式，没有更多地从群众的角度研究演出时间、节目形式等，

有时下乡演出甚至面临演员比观众多的窘境,不仅浪费了财力和资源,还得不到老百姓的支持和欢迎。

2. "单调老套"的服务模式与群众的实际文化诉求不适应

作为群众文化服务供给部门,文化馆始终深陷经费、场地设施和人员不足这个"怪圈",服务内容和形式单一乏味,搞活动往往要东拼西凑地找节目,做培训往往要三请四邀地处处找老师,显得心有余力不足,其公益性作用的发挥大打折扣,领导不满意,群众有埋怨,业务干部还有怨气。

3. "各自为政"的社会文化资源与群众的实际文化需要脱节

很多学校的文化场馆、设施设备除了自己每年搞几次活动外,长期"铁将军把门",多数单位的演出服装演了几次之后就长期放在库房睡大觉,而与此形成强烈反差的是,基层文化馆站为常年组织广场演出找不到节目而犯愁;很多社区文艺演出常常因为缺少经费解决不了场地、节目、服装、灯光、音响等问题而搁浅。社会各界的文化资源相互独立,缺少一个整合利用的纽带和平台。

显然,通过构建数字文化馆服务平台可以有效地解决以上问题,可以使乡镇、社区、企业的公共文化资源"化零为整、优势互补",实现24小时零障碍的全方位服务;可以突破时空和资源的限制,不断提供"适销对路"文化服务产品,让一对一、点对点的基层文化服务成为可能。

二、如何建设高效开放的数字化群众文化服务平台

构建数字文化馆必须要树立"大文化"的理念,结合文化馆基本的服务职能,整合各地区、单位文化资源,建立公共数字文化资源库群和网络服务管理体系;努力构建以"全景式艺术体验平台"和"群众文化资源发布和服务平台"为主要内容的"内外结合、双轮驱动"式的数字化群众文化服务平台,向群众提供7×24小时的全方位不间断的文化服务。

1. 建设全景式艺术体验平台

结合文化馆公共文化职能,可以将馆内环境、活动、展览、演出、培训等各项服务内容整合为"艺术展厅、艺术教室、艺术剧场"三个块面,利用三维空间虚拟技术,在网上实现360°环视扫描,通过虚实场景的结合,给

群众带来全新的艺术体验。

艺术展厅可设置美术、书法、摄影三类,常年举办各艺术专题比赛和展览。在展厅作品前,市民只需点击鼠标,便能方便阅读展示作品的创作背景、观众评论等相关信息,通过缩放功能,还可以仔细品鉴展品的局部信息。

艺术教室将汇集声乐、舞蹈、书法等各门类优秀教师精品课程,实现市民免费在线点播、在线学习,足不出户就能学习到心仪的课程,实现艺术培训的远程互动教学。

艺术剧场可设讲座、演出、活动等舞台类内容,实时呈现全市的各类文艺演出,让普通市民随时都能在线欣赏精彩纷呈的文化盛宴。

2. 建立群众文化资源发布和服务平台

首先,要广泛采集和发布社会各类文化资源和需求信息。在建立数字化资源库和搜索引擎的基础上,实现各级各单位和个人的共享。需要整合并进行数字化的文化资源包括文化活动场地、灯光音响器材、服装道具、美术、书法、摄影展览展示和音乐、舞蹈、戏曲、小品等文艺节目四大类。

其次,要充分依托文化信息资源共享工程服务点网络,实现与数字文化馆服务平台的"双网合并,互动发展"。管理端应设置在市级文化馆,客户端可分布在乡镇、街道、社区的文体中心。通过管理端,工作人员可对各服务点运行和管理服务情况进行实时监控,实时录入相应数据,收集、整理、反馈群众文化需求信息,实现与基层文化站点的沟通和互动。

同时,应努力强化数字文化馆的服务和管理。各级文化馆要在加大硬件投入的同时,成立专门的网络平台管理部门,招募专门的技术人员进行后台数据的采集、制作、更新。应通过报纸、电视、广播、搜索引擎、博客、友情链接等方式积极实施数字文化馆的推广和应用。

三、努力探索和推进数字化群众文化服务的新模式

数字文化馆的建立,实现了文化服务生产者与消费者的零距离对接,从过去的"以产定销"调整为更加科学合理的"以销定产",促进了社会文化资源的充分利用和合理流动,让数字化群众文化服务更加多样化和个性化。笔者认为,大致应包含以下四种服务。

1. "即点即上式"的菜单式服务

通过数字化文化馆，将所有由政府买单的文艺演出、培训等众多公益文化项目以服务菜单的形式在网上公布，并通过网站专设的申请通道，按照"先订先得"和"多点多得"的原则，优先联系安排，优先提供服务。拿组织一场演出来说，基层文化馆站最头疼的就是指导老师、节目、服装、道具、灯光等问题，通过数字化群众文化服务平台，可以上网查询整个地区的文化资源并预约服务，甚至还可以协调选调外地优秀节目资源，真正让"基层缺什么，我们给什么"不再成为一句空话。

2. "全面覆盖式"的辅导培训服务

针对老年人、成人和少儿的文化需求和特点，每月推出声乐、器乐、舞蹈、书法、美术等免费辅导培训服务。老年人可以安排在周一至周五工作时间、少儿一般安排在周三、周五下午4点以后、成人可以安排在晚上或双休日。特别要注重在免费培训辅导中培养群众文艺骨干，引导和建立群众文艺团队，进一步提高综合业务水平和业务能力。

3. "区域联动式"的展演交流服务

利用数字化文化馆的资源集聚优势，引领和组织社区之间、企业之间、乡镇之间、县县之间、市县之间，甚至本市与外市之间的群众文化艺术交流活动，由小到大，由点及面，积极促进文化资源由"量变"到"质变"的转化，通过区域联动，逐渐打造具有地方特色有一定影响力的群众文化活动品牌。

4. "有求必应式"的智能终端服务

基于云技术和智能移动终端，数字文化馆服务平台可以利用短信平台、QQ群、微信、手机报等个性化服务来满足群众对于及时掌控文化信息，深度体验文化活动的需求。通过信息筛选功能，用户可以更加方便地查找到自己想看的资料，了解自己喜欢的文化活动。通过网上的SNS社区，用户可以和他人交流文化活动信息，分享自己的文化体验，拓展数字化群众文化服务的内涵，探索和实践数字时代群众文化服务的新模式。

广场舞在群众文化建设中的地位和作用

（镇江市文化馆）

程　静

我国广场舞的发展趋势越来越好，发展速度也越来越快，广场舞的发展繁荣了我国的文化，为我国的文化建设注入了新生力量。本文对广场舞在群众文化建设中的地位和作用进行了分析探讨。

广场舞也深受各个阶层的喜爱，逐渐走进千家万户，致使越来越多的人参与进来，我相信，经过几年的发展，广场舞将会更好地丰富人民群众的日常文化生活和精神生活。

一、广场舞的发展及现状

广场舞叫排舞，是一种健身舞蹈，这种时尚排舞早已风靡世界，现在也悄然流入中国。目前正在全国许多大中小城市和村镇风靡，深受民众喜欢。这种体育舞蹈不限年龄，动作简单，舞步重复，容易掌握。它不受场地的限制，在广场、公园、街边、操场，只需一块空地和音响即可。众人排成行或列跳，从此就有了排舞或排排舞（line dance）之称。它的舞步能灵活多变，可以自编自创，自由设计、编加、删减，所以也被称为自由舞。

（一）发展迅速

广场舞是一种社会文化现象，我国经济的飞速发展为广场舞打下了坚实的基础,提供了条件,在物质丰富的情况下,人们更加关注文化的发展和自身素质的提高,广场舞也就成为人们关注的焦点。广场舞并不是近几年才兴起的,早在新中国成立初期,民众文化就受到重视,进入 21 世纪,民众文化发生了较大变化,政府设立文化广场,广场舞也就应运而生,不管是乡村还是城市,广场舞出现在大街小巷,成为文化建设的重要内容,为乡村和城市增光添彩。

（二）主要以中老年人为主

中老年人有较多的空闲时间,一般都是退休之后,学广场舞来打发时间。另一方面,中老年人体质下降,容易生病,为了增强体质,锻炼身体,广场舞成为不错的选择。因而,广场文化作为一种社会文化现象,越来越受到中老年人的关注。广场舞虽说是以中老年人为主,但也不乏很多年轻鲜活的力量,随着广场舞的普及,年轻人也逐渐参与进来,成为一道亮丽的风景线。如今的广场舞,已经是时尚、健康的代名词,并受到了越来越多的人肯定,不同层次的人都成了广场舞的热衷者和参与者,年轻人与中老年人的互动,为我们的城市注入了新的活力。

二、广场舞在群众文化建设中的地位

（一）丰富群众文化生活的关键途径

在城市的各个角落,我们都可以看到广场舞的身影,它是人民群众文化生活的关键表现形式。就广场舞而言,其起源于中国的农村舞蹈,有人疑惑,为什么广场舞能够广为流传,究其原因,是其汇集了拉丁舞步及宫廷舞步,有自身特殊的舞蹈韵味,因此得到大家的喜爱与认可。只有亲身体会了广场舞,你才会感受到广场舞带给你的欢乐,进而感受舞蹈的魅力及运动的快感。

（二）广场舞的特殊性决定其在群众文化中的重要意义

群众文化作为一种较为理想的文化活动方式,有自身无与伦比的特殊性,本文主要从以下几点展开论述:首先,广场舞能够有效地将审美的主体与课题融合在一起。广场舞的表演内容及表演形式大多来源于民间,它不仅有利于陶冶民众的情操,还能通过肢体动作不断地宣泄人们的情感。广场舞不仅具有娱乐性,还具有艺术魅力;其次,广场舞的审美心态具备同一性的特点。作为抒情舞蹈的一种,广场舞不仅表达了舞者的情感,还反映人们对现实生活的感悟及理解。

三、广场舞在群众文化建设中的作用

(一)丰富群众文化娱乐生活

目前我国人口呈现老龄化的趋势,中老年人的娱乐文化设施相对来说比较缺乏,也缺乏一定的政府政策来保障中老年人的精神文化生活。广场舞由于自身的特点,简单易学,对参与者也没有任何规定限制,能按照别人的动作轻松学会舞蹈,故而吸引了众多老年人热情参与。由于人们在跳广场舞的时候,身体可以得到放松,内心会比较愉快,所以在一定程度上,广场舞能够促进人们身心的健康发展,丰富人们的日常生活。

(二)提高群众文化修养

广场舞近几年在我们全国各地快速蔓延,风靡全国,成为我国精神文化文明建设中一个重要组成部分。广场舞由于自身的随意性和开放性,使得每一个人都可以参与其中,享受着舞蹈带给人的益处,从而让原本和普通生活有距离的舞蹈艺术变得亲民化;使得每个人可以在舞蹈的过程中,感受艺术给生活带来的一种美感,增强人们对美好事物的认知力及感知力。广场舞同时也为不同年龄阶段、不同职业的人们提供了一个相互交流和学习的平台,人们通过舞蹈的学习和交流,可以提高自己的舞蹈水平,也可以提升个人修养,广场舞在提高整个城市的文化建设水平上起到了一个非常好的促进作用。

(三)推动群众文化建设

广场舞作为群众自发组织的舞蹈,不仅是一种简单的文化娱乐现象,更是值得全社会思考的一个社会现象。广场舞的兴起及不断壮大,在一定程度上反映了一个国家社会文明程度的提升,以及人民生活水平的大幅度提高。广场舞是在一定社会情况下,人们追求精神文化生活的一个体现。广场舞的流行及推广,充分体现了社会主义制度的优越性,只有在社会相对稳定富足的情况下,群众文化建设才能得到不断地发展和提高,而广场舞的流行推动了社会主义群众文化建设。

(四) 体现了"中国梦"精神

"国家富强、民族复兴、人民幸福、社会和谐"是"中国梦"的具体内容。在实现"中国梦"过程当中,引导人民群众积极参与到其间的建设上来,是新时期新的经济形态下的一个重要任务。而广场舞由于其自身自发性的特点,为群众之间的互相交流搭建了一个公共平台。人们在进行广场舞的活动时,通过舞蹈的学习跟交流,能够提高自己的精神文化修养。因此,广场舞在实现"中国梦"的过程中,担任着一个非常重要的角色。广场舞的推动及发展,增强了整个社会的凝聚力,提高了整个社会的民族自信心,推动了社会主义精神文明建设和文化建设。

(五) 广场舞有利于促进人际交流

舞蹈是人们交流的一种形式,对于广场舞来说,同样也有这方面的作用。广场舞使人们走出自我,走出封闭的环境,相聚于广场。人们通过跳舞,可以相互交流感情,带有娱乐性的广场舞可以增进人与人的友谊,集体性的活动也可以增强人与人的向心力和凝聚力,培养集体观念,不管是熟人还是陌生人,都可以通过广场舞认识,交流感情,促进人际关系的和谐发展。可以说广场舞既丰富了人们的精神世界,又提高了人们的精神文化涵养,市民们走出家门,接受来自大众文化的洗礼,在广场舞的广大人群中,学会为人处世的道理,丰富自身的精神文化生活。改变传统的生活观念,加强人与人的交流。总之,广场舞为人们走出封闭的自我提供了一个平台,为人们走出家门,走进和谐的社会提供了较好的机会,有利于形成和谐的人际关系,提高城市、社区的精神文明程度。

三、结　论

一言以蔽之,广场舞在群众文化建设中具有举足轻重的地位及作用。我们必须高度重视广场舞,不断实现广场舞的规范化,以真正促进社会的和谐发展。

扬

州

全民艺术普及视野下的
文化馆公益艺术培训探析

（宝应县文化馆）

潘明智

文化馆公益艺术培训是实施全民艺术普及的重要抓手，它不仅是艺术技能普及的主要手段，也是全民艺术普及的难点和重点。文化馆公益艺术培训满足了社会需求，推动产业发展，实现价值观引领。文化馆开展公益艺术培训应坚持公益培训的无偿服务，注重与"互联网＋"的融合，注重社会化参与，实施标准化运作。

"艺术兴国"在很多人眼里并不认可，当我国经济总量跃居全球第二，而文化竞争力却远远落后于经济总量的排名，文化危机不得不引起我们的重视。纵观近代史，欧洲的兴起正是起源于"文艺复兴"，日本的强盛也得益于"文艺救国"。在 2015 年中办、国办《关于加快构建现代公共文化服务体系的意见》中明确提出："深入开展全民阅读活动，推动全民阅读进家庭、进社区、进校园、进农村、进企业、进机关。积极开展全民艺术普及、全民健身、全民科普和群众性法治文化活动。"首次把全民艺术普及作为全民教育的必修课，列入公共文化服务的工作内容，而文化馆公益艺术培训是实施全民艺术普及的重要抓手，笔者就此做粗浅探讨。

一、文化馆公益艺术培训的地位分析

全民艺术普及是从国家全民教育层面，通过公共文化服务国家标准推行的艺术教育行动,业内一般将它归纳为四个方面:一是艺术知识普及,利用出版物、知识讲座等让老百姓了解艺术、亲近艺术;二是艺术欣赏普及,把古今中外的经典作品以展示、展演的方式呈现给老百姓;三是艺术技能普及,就是通过艺术培训,发展一人一艺;四是艺术活动普及,就是通过文化活动、赛事等让艺术人才拥有展示的平台。文化馆公益艺术培训是艺术技能普及的主要手段,也是全民艺术普及的难点和重点。

《国家公共文化服务指标准 2015—2020》明确要求"各级文化馆(站)等开展文化艺术知识普及和培训,培养群众健康向上的文艺爱好",文化馆开展艺术培训是国家标准的"规定动作"。艺术培训是文化馆长期以来的"传统"项目,有着较好的基础条件和丰富的实践经验。尤其是文化馆实施免费开放,公益培训实行受教育者的免费学习和零门槛准入,极大地调动了全民参加艺术学习的热情。浙江宁波、四川成都等地参加公益培训的学员已达数万之众,江苏镇江推出"十百千万"工程,引起社会强烈反响,产生很好的社会效果。

与文化馆长期以来举办的各种艺术培训对比,公益培训尽管吸引了全民的眼球,但在具体工作中存在的难题也很多。一是师资、设施等要求较高,因培训需有一定的时间长度,师资要相对固定,场地、设施等基本条件要具备,不少地方文化馆难以满足。二是生源良莠不齐,教学工作较难组织,甚至有的学员把它作为空闲时间的消遣,培训到课率难以保证,教学成果难以保证。三是培训工作缺乏标准,与学校教育相比,公益性艺术培训的教材体系、管理体系、考评体系尚未建立。

文化馆开展公益艺术培训,实现全民艺术技能的普及教育,它是艺术知识普及的升华、艺术欣赏普及的体验、艺术活动普及的基础,理所当然成为全民艺术普及的关键。同知识讲座、艺术欣赏、文艺活动等一次性活动相比,它时间周期长,投入精力多,培训要求高,对参与者产生的艺术熏陶作用也最强,是全民艺术普及四个项目里的重中之重。

二、文化馆公益艺术培训的项目论证

1. 满足社会需求

艺术是民族精神的火炬,是时代前进的号角,最能代表一个民族的风貌,最能引领一个时代的风气。当前艺术教育已越来越受到社会的关注,参加艺术培训成为众多普通百姓的文化追求。然而许多地方的艺术教育是以有偿教育为主,培训对象主要为少年儿童,很多成年人有学习艺术的愿望,但如愿以偿的甚少。他们有着强烈的学习愿望,希望能够得到正规、系统的艺术教育,并从中得到艺术的熏陶。文化馆公益艺术培训满足了社会的需求。我们宝应县文化馆从 2013 年起开始尝试免费艺术培训项目,当年开设合唱、葫芦丝、古筝、二胡四个班,分春夏两季,学员总数一百多人,2014 年学员总数超两百人。2015 年根据社会需求,成人开设声乐、古筝、葫芦丝、书法、国画、二胡、电钢琴七个班,少儿开设钢琴、古筝、二胡、葫芦丝、小提琴、书法、素描、儿童画、舞蹈九个班,分春季和秋季两个学期,学员总人次近千人。2016 年免费艺术培训班,春季开设 27 个班,秋季开设 29 个班,暑期开设留守儿童夏令营 9 个班,学员总人次超两千,受到领导和群众的广泛关注。2016 年秋季,根据社会需求,增加了错时上课的课程,六十多名机关、事业单位在职人员成为首批学员。

2. 推动产业发展

大力发展文化产业是我国实现经济转型发展的重要方面,艺术培训不仅以美塑人,还为社会提供了众多的就业机会和致富途径。公益艺术培训面广量大,造就了声势浩大的学员大军,为众多的高端培训提供了源源不断的生源,为文化用品制造商提供了消费大军,对文化产业的推动作用不可小觑。宝应是省书法之乡,正在打造全国书法之乡,目前从事少儿书画培训人员数百人,还有巨大的发展空间。宝应刺绣近年来发展很快,但从业人员还不能适应市场的需求,我们计划通过举办公益培训,发展规模化的绣娘队伍。

3. 实现价值观引领

综合国力的竞争除了经济的角力,更有文化的比拼。在我国经济建设取得长足发展的同时,我们必须看到不少地方文化的缺失严重,崇洋媚外、封建迷信、腐朽落后的文化思潮乘虚而入,侵蚀着人们的灵魂。我们要占领思想文化阵地,发挥主渠道作用,弘扬主旋律,唱响正气歌。当前,倡导社会主义核心价值观是宣传文化工作的重要任务,但不能依靠空洞的说教,而艺术教育润物无声、寓教于乐,能够很好地实现价值观的引领。

三、文化馆公益艺术培训的路径选择

1. 公益培训的无偿服务

公益艺术培训应该实行无偿服务。但由于文化馆无偿服务和零门槛准入,很多人都有参加培训的愿望,而资源条件难以满足,许多地方只能按报名顺序录取学员。而一部分取得学籍的学员由于没有入学的成本,对学习机会不珍惜,随意缺课;有的态度不端正,把参加培训作为消遣时间的一种方式,形成了资源的浪费。因此,对文化馆的公益培训究竟是无偿还是有偿一直存在争论。笔者认为,文化馆是国办公益性公共文化服务机构,公益性艺术培训的免费服务保障了公民基本文化权益的人人享有,必须要坚持,只有高端培训才能实行有偿服务,我们应当在坚持公益性的前提下寻找解决问题的办法。浙江宁波为解决入学难的问题,在全市各地设立上百个培训点,使数万人圆了入学梦。成都市文化馆建立了"金字塔"形四级联动辅导模式,辅导全市群众文艺骨干超过 1.2 万人。宝应县文化馆为解决部分学员长期参加学习的愿望,开设了提高班和兴趣沙龙,既让这些同志的艺术兴趣得到充分发挥,也腾出宝贵的名额让更多的人有培训的机会。

2. 公益培训与"互联网 +"

2016 年 8 月 8 日,宁波市全民艺术普及工程正式启动,他们的口号是艺术普及"一人一艺",力争到 2020 年全市艺术普及综合参与率达80% 以上。面对数百万的学员大军,实体培训只能望洋兴叹,而"互联网 +全民艺术普及"可以解决这个问题。当前,数字文化馆建设在全国各地悄然兴起,网上培训不仅是其必备栏目,还要成为建设重点。"互联网 +"为公益艺术培训打开了一片新天地,但如何解决技术上的难题,如何组织适合的课程,如何保证培训的效果等,还需要我们做出更多的努力。

3. 公益培训的社会化参与

目前,社会对公益艺术培训的需求十分旺盛,远远超出文化馆自身的服务能力。2016年,我们宝应县文化馆在仅有十名业务人员担任培训师资的情况下,开办了29个班级,但仍然满足不了社会的需求,很多人报不上名。要解决全民艺术普及入学难的问题,不仅需要公共文化服务体系的整体联动,更需要社会力量的参与。在师资上不少地方利用高校师生和文化志愿者,有的地方采用分级辅导、分级培训,有的地方开辟数字文化课堂;在场地设施上,利用社区文化活动室、学校教室和其他适宜场所;有的地方社会艺术培训机构承担起了公益艺术培训的职能。公益培训的社会化参与是我国全民艺术普及的必然选择,政府和文化行政机关应当发挥孵化器作用,文化馆要履行职责,为其架设平台,建好网点,制定标准,规范管理。各级政府要做好政策、资金、协调等保障工作。

4. 公益培训的标准化运作

随着全民艺术普及工作的深入,文化馆公益艺术培训地位将不断提升,成为各级文化馆重点开展的基本服务项目之一。虽然在这方面文化馆有基础、有经验,但规模较小,形式单一,不少还是有偿服务和单体行为。现在我们正在进行的是大范围、全民性的公益培训,必须要建立一整套标准体系。一是建立资源投入体系,包括师资来源、场地、设施、后勤保障等,应以地方政府为主导,建立协调工作机制,确保投入到位。二是要建立课程建设体系,组织业内专家和地方行家里手根据当地百姓需求和地方文化特色,编写教材,安排教程,制定教案,以县域统一实施。三是建立管理体系,文化馆对每个培训点实施规范管理、精准管理。在师资管理上,建立师资资源库,合理调配,对任课老师授课情况跟踪检查,每学期拟订培训计划,每课时有教学方案,规范上课;在学员管理上,建立学员档案,制定报名办法,实施学籍管理。宝应县在培训管理工作中实行课时考勤制度,由任课老师或指定班干对每位学员逐课记载,无故缺席三次劝其退学,两年内不能参加文化馆任何科目免费艺术培训课程,文化馆培训部逐堂检查。四是建立绩效评估体系,一方面检查培训工作运行的效果,另一方面根据反馈意见对相关工作进行调整。宝应县文化馆每学年举行学员汇报表演和作品展览，向社会展示培训成果，开设微信服务平台，接受群众反馈意见。浙江宁波将提供全民艺术普及服务和产品的各级政府部门、社会机构和个人纳入考核管理体系，通过线上服务成效数据分析和第三方评测机构的跟踪测评，形成服务绩效数据库，有效检验全民艺术普及工作的服务效能。

创新惠民思路 强化纽带作用

——谈县级文化馆在全民艺术普及中的创新思维

（扬州市邗江区文化馆）

李小峰

在文化娱乐方式多样化的背景下，出现了文化服务"过剩"的错觉，对群众文化工作提出了新要求。面对新形势，县级文化馆要创新工作思路，要以建立健全公共文化服务体系为纲领，坚持群众性的视角，以全民艺术普及为路径，实现差异化发展，保障群众的基础性文化权益。

随着社会的发展，传媒条件不断改善，获取精神文化娱乐的途径较多，时代对群文工作提出了新挑战和新要求。这对我们群文工作者来说，既是挑战，也是机遇。尤其是县（市辖区，以下统称县）级的文化馆，在建立健全公共文化服务体系的大背景下，要重新梳理工作思路，重新厘定角色定位，以全民艺术普及为路径，改善和提高群文工作状态，保障群众最基础的文化娱乐权益，满足群众多样化的精神文化需求。

一、从全民普及着眼，厘清县级文化馆的定位

文化馆是中国特有的群众性文化机构，其存在与发展是历史的产物。在特定的历史条件下，文化馆从业人员深入基层，密切联系群众，发挥文艺才能，弘扬主旋律，对大力宣传党和国家的政策方针，丰富群众的精神文化生活，起到了不可或缺的作用。

1. 群众文化工作者的扪心自问

随着传媒条件的发展,现代化的宣传工具不断涌现,人们获取信息资源和精神文化享受的渠道越来越畅通,因此有人认为,现在已经到了文化服务过剩的地步。如果文化服务真的过剩了,那么,文化馆还有存在的必要吗? 群文工作者还有存在的价值吗? 县级文化馆及其从业人员该何去何从呢? 面对这样的疑问,我们应该保持清醒,要有强烈的危机感,要扪心自问,我们的存在价值究竟是什么。

作为中国特色的群众性文化单位,有的文化馆也被称为群众艺术馆。无论叫什么,文化馆的群众性是第一位的。这种群众性其实也就是全民性。这是文化馆和商业性文艺团体的不同之处。从这一点出发,在整个公共文化服务体系中,县级文化馆应该发挥承上启下的作用。我们要时刻牢记"三贴近"的要求,坚持群众性的指导方针,以保障群众最基本的精神文化需求为根本,重理工作思路,优化工作方式,提升工作质态。

2. 县级文化馆的角色定位

在公共文化服务体系中,县级文化馆的定位很尴尬。在各级文件中,经常出现县级以上或者县级以下的提法。从上级的视角来讲,县级是基层。从乡镇、社区的视角来看,县级就是上级。尴尬的处境容易让人无法适从,但这也正是我们应该反思和做大文章的地方。

在商业领域,经常有"最后一公里"或者"最后一百米"的提法。身处尴尬的定位,我认为,县级文化馆所处的正是"最后"的关键节点。这是因为,无论多大的群众性文化活动,最终都是要面向普通群众的,由地市级文化馆负责,明显不够接地气;由乡镇文化站(文体中心)负责,似乎级别也有点低;而由县级文化馆负责,级别适中,接得上地气,够得上档次,兼具权威性和群众性。

笔者的工作单位是县级文化馆。自从建设省公共文化服务体系示范区以来,笔者和同事们都明显感受到工作任务明显增加,主办和承办的文化活动也多了不少,大家的干劲也足了,做实事的多了,到社区、特色团队提供辅导的多了,混日子的少了。日常工作更具有条理性,更规范化。在写年终总结时,实打实的工作业绩汇报多了,正确的废话少了。例如

2015年,以扬州"城庆年"为契机,邗江区开展了"一堂四节"系列品牌文化活动,邗江区文化馆创新工作思路,广泛发动乡镇、社区的文艺团队参与,推动了群众性文化活动的开展,起到了中流砥柱的作用。在2016年,邗江区文化馆更加注重群众参与性。以"第二届焦循戏剧节"为例,在活动开幕前,邗江区文化馆创新工作思路,以票友联谊会为平台,召集区内民间剧团负责人会议,汇聚群众的智慧。在整个戏剧节期间,邗江区文化馆为民间剧团提供小戏剧本、艺术指导、展演平台,剧团的民间艺术家们的积极性非常高。和首届焦循戏剧节相比,本届戏剧节展演的11个小戏,绝大多数都是新创作编排的节目。除了在城区举办小戏展演,区文化馆还择优选择了几个小戏,先后在方巷镇、公道镇举办专场演出,推广了这些小戏新节目,普及了戏曲艺术。

二、从群众的需求出发,深入到群众中去

正如前文所述,群文工作、文化馆的存在都是以满足群众的精神文化需求而存在的,但是,为什么会出现诸如"文化过剩"的错觉和误区呢?原因很简单,因为没有深入贯彻群众性。公共文化服务体系作为一个系统,其出发点和落脚点都是群众。对于文化宣传工作,其受众和反馈源都是群众。如果不从群众的需求出发,只凭领导一时的头脑发热而搞活动,片面追求排场,不符合当地的实际,群众参与度不高,是不会有好的效果的。

1. 轰轰烈烈的大场面,不如润物无声的小情怀

很长一段时间以来,我们热衷于搞大活动,造成大的影响。这样的活动,看起来很热闹,但是,群众很少能到现场看,更别提参与了,并不能很好地起到普及文艺的作用。因此,在2015年的邗江区广场舞大赛中,我们开创了"走下去"模式,即让专家评委们走到基层,让参赛者们在人流量较大的路边广场上跳广场舞,让广场舞成为名副其实的广场舞。10月27日—10月29日,邗江区文体新局组织以文化馆专业舞蹈老师为主体的专家评委组,由分管副局长带队,奔赴全区各镇(街道),现场观看各代表队的表演,现场打分,并对表演过程全程录像,吸引了大量群众驻足观

看。参赛者们饱满的精神状态、整齐划一的舞姿、精彩的表演得到了围观群众的好评。这种新颖的比赛形式对普及广场舞活动、提升广场舞的群众参与度，起到了积极作用对在群众中进一步推动广场舞等有益身心健康的休闲娱乐活动起到了积极的宣传效果。在活动前期，邗江区文体新局和区文化馆做了大量的铺垫工作。为保证大赛相关工作的顺利推进，区文体新局在年初就把大赛作为年度工作重要内容来抓，多次召开专门会议，布置和协调相关工作。为提高参赛者的舞蹈技能和基层文艺骨干的业务水平，在大赛开始前的数月，区文体新局举办了广场舞蹈培训班，由区文化馆的业务老师授课，开展了为期一周的广场舞蹈培训辅导课程，发放了教学视频光盘，并与业务人员下基层辅导制度相结合，定期组织人员到社区、团队进行专门辅导。

2. 心口不一的假唱，不如草根的自娱自乐

为片面追求演出效果，假唱现象屡见不鲜。不光是一些明星假唱，我们各级文化馆的部分演员偶尔也"对口型"。与其这样，不如让有文艺才能的普通群众登台。在这一方面，邗江区文化馆多次牵头举办诸如"歌王大赛""合唱比赛"之类的活动，为歌唱爱好者提供了展示风采的平台，也在群众中发现了歌唱人才。此外，邗江区也很注重在群众中培养歌唱、舞蹈、戏曲爱好者。邗江区文化馆的歌唱、舞蹈老师每人每周都有两次以上的社区辅导课，教授演唱技法，教唱经典歌曲和热门歌曲，教跳民族舞蹈。通过公益性的"星期天剧场"，区文化馆为市民群众提供欣赏、学习、交流扬剧等戏曲的平台。这些举措培养了大批草根文艺人才。每当有文化活动，都优先考虑让这些群众文艺爱好者登台表演，让群众在自娱自乐中展示自我，让市民欣赏到身边的明星，提高群众的认同感。尤其是每周的"星期天剧场"，每次都呈现满座的效果，真正做到了来自群众、服务群众。

3. 孤芳自赏的小格调，不如"三级联动"的大狂欢

群众文化活动的生命力在于群众性。如果不能广泛发动群众，群众的参与度不高，甚至活动的知晓度也不高，就是工作的失败，其实就是"伪群众文化"。即使挂着群众文化的牌子，即使领导评价较高，也只是

叫好不叫座的孤芳自赏,或者"被孤芳自赏"。所谓"被孤芳自赏",是指虽然初衷是满足群众的文化娱乐需求,但是只停留在完成任务式的例行公事上。这就割裂了供给侧和需求端的联系。为了避免这种情况,我们的做法是实现重大文化活动的市、区、镇"三级联动"。在扬州市举办大型文化活动时,邗江区都举办配套的群众性文化活动,并鼓励乡镇开展联动,举办分会场活动。其最突出的是每年的"五二市民日"活动,扬州市有主会场,邗江区也有专门的演出,并在两个以上乡镇举办分会场展演。近年来,邗江区还尝试了流动性的主会场,即让各乡镇轮流承担主会场。在"三级联动"的模式中,邗江区文化馆起到了承上启下的纽带作用。在每次举办"三级联动"活动之前,区文化馆都会向基层特色文艺团队"要节目"或者请其帮助编排切合活动主题的节目。

三、实行差异化发展,发挥基础性作用

在精神文化娱乐形式多样化的大背景下,县级文化馆应提供差异化、基础性的服务,保障群众的文化权益。和社会上的商业性的文化娱乐提供者相比,文化馆等公益性的文化单位既有提供最基本的文化娱乐服务的义务,更有商业演出机构不具备的资源和渠道,有条件举办影响力更大、受众面更广的群文活动。尤其是县级文化馆,其兼具市级和乡镇级难以匹敌的优势,也比商业演出机构更加适宜发挥其应有的职能,发挥基础性作用,提供最基本的大众文化保障。

综上所述,在全民艺术普及的工作中,县级文化馆要以建立健全现代公共文化服务体系为契机,以民为本,创新思路,把"三贴近"落到实处,做好"主干线"和"最后一百米"之间的有机衔接工作,发挥好纽带作用。我们群文工作者,身子要往下沉,倾听群众的文化需求,并将其化为工作动力,要经常到基层开展演出、辅导和推广活动;能力要往上提,做到一专多能,兼具较高的专业素养和较强的组织、策划、协调能力。这是时代对我们提出的新要求、新挑战,也是为我们提供的新机遇。

基层文化馆数字化建设
面临的困境及对策

（高邮市文化馆）

杨旭娟

基层文化馆数字化建设，是推动文化服务创新的一项重要举措，是实现全民艺术普及的必要手段。但是，由于各地区的差异性和受技术条件等客观因素的限制，基层文化馆的数字化建设发展极不平衡，面临诸多的困境。因此，我们需要找出问题所在，对症下药，帮助基层文化馆在数字化建设中走出困境，推动基层文化馆数字化建设的快速发展。

当前，数字信息技术广泛应用于人们生活中的每一个角落。实现文化馆数字化管理模式已是大势所趋，它是实现全民艺术普及的重要手段。但是，由于对数字化建设认识的差异性和一些客观因素，各地区在文化馆数字化建设上发展极不平衡。本文拟从基层文化馆的实际情况出发，探讨基层文化馆在数字化建设中所面临的困境及对策。

一、对文化馆数字化建设认识不到位

虽然我们的生活早已入了网络数字化的信息时代，但对于文化馆的服务手段、服务功能、管理理念，在基层文化馆还有许多人停留在传统的思维模式上，对数字化建设的重要性认识不足。主要表现在两个方面：

一是认识单一性，对文化馆的服务功能在认识上停留在传统的服务模式上,认为文馆化的工作无非是多举办几场群众性的文化活动,举办几场培训班,开办几场讲座等活动,忽略了随着经济的发展,人们生活水平的提高,群众对文化生活的需求产生了巨大变化。

二是思想的滞后性,随着网络和数字技术的发展,群众文化消费方式和习惯越来越依靠网络信息平台。但在基层文化馆,有相当一部分人认为,数字化、网络化是年轻人的天下,我们老同志玩不起来,思想观念严重滞后。

二、网站建设质量低,实用性不强

基层文化馆数字化建设,由于受诸多因素的制约,网站建设仍然停留在非常低的水平。有的可以这样说,只有框架,没有内容,更没有数据库、互动平台、艺术展厅等;有的基层文化馆网站长期没有更新,检索功能不齐,打不开网页链接,群众无法获取信息资源;有些网站则由于技术原因,页面设计混乱,编排不科学,让用户产生视觉疲劳。

三、人才匮乏,技术力量难于支撑数字网络平台的建设

人才匮乏,是目前基层文化馆最突出的问题,它是阻碍数字化建设的"瓶颈"。由于基层文化馆没有人力资源调配能力,只能在原有的在编人员中选择兼职人员负责网站管理和维护工作,网站质量可想而知。有些基层文化馆把网站建起来了,网上培训等服务功能也建立起来了,但培训老师不懂数字使用技术。有些有经验、有专长的培训老师,只习惯于传统的面对面授课方式,面对数字网络平台,束手无策,严重影响了文化艺术培训数字化的发展。

四、资金不足,设备不完备

文化馆数字化建设,不单单是建立一个网站,它是数字设备和多媒体相结合的多功能网络传播平台,需要一定的资金和技术投入。从目前的管理体制看,基层文化馆均没有数字化建设的专项资金,基层文化馆普遍

存在数字化设备严重不足的问题,仍仅仅停留在网站建设的起步阶段。以高邮市文化馆为例,2015 年建立了文化馆网站,由于经费问题,网站建设后台数据维护无法进一步完善。再加上数字化设备的不足,无法将文化馆的展览、讲座、表演、比赛等相关视频、图片及时传输到网站平台。

基层文化馆在数字化建设中面临的问题,制约着基层文化馆数字化建设的健康发展,严重影响全民艺术普及的进程。我们要找对症,抓对药,拿出行之有效的办法。

1. 制订出基层文化馆实现数字化建设的发展规划

由于地区的差异性及资源分配各不相同,上级主管部门应根据本地区的特点和实际情况,制订出基层文化馆数字化建设的发展规划,明确基层文化馆数字化建设的指导思想,确立近期、中期、远期发展目标,循序渐进,脚踏实地,不断推进。防止一哄而上,避免基层文化馆由于人力、技术、财力的不足,而导致"消化不良"、工作难于推进的结果。

由于基层文化馆基础条件差,上级主管部门应制订出"基层文化馆网站设计标准"等标准化的管理模式,提高基层文化馆数字化网站建设的质量和水平,尽量让基层文化馆在数字化建设中节约成本,少走弯路。

2. 强化人才培训机制,大力提升基层文化馆数字化建设的技术水平

人才问题是制约基层文化馆数字化建设的"瓶颈",也是数字化建设成败的关键。目前,基层文化馆缺乏兼具数字化专业知识和计算机知识的复合型人才。解决这一问题,只有两条路可走,一是引进,二是培训。但从目前的管理体制看,人才培训才是切实可行的办法。因此,实施人才培训计划,是当前工作的重中之重。上级主管部门必须整合人才优势、资源优势、技术优势,有计划、分步骤、全方位开展人才培训工作。人才培训工作应包括两个方面。

一是数字化、信息化专业技术培训,主要是系统维护、数字化加工、数据库建立等方面的技术培训。

二是对数字化运用技术的培训。培训对象主要是基层文化馆培训老师,重点是数字化设备的操作和使用,培训教材数字化加工和处理等实用操作培训。

三是树立先进样板,相互交流,共同发展。树立先进样板,开展学习交流活动,是推进基层文化馆数字化建设的有效手段,能起到相互促进、取长补短的良好作用。地级市主管部门,应选择条件基础较好、技术力量较强、数字化建设取得一定成效的基层文化馆作为样板,开展地区性的学习交流活动,让各基层文化馆进行交流,看到实效,找出差距,取长补短,进而达到共同发展的目的。

3. 加大资金投入,逐步完善数字化硬件设施的建设

数字化建设的硬件设备,是实现文化馆数字化的物质基础。基层文化馆应结合自身的实际情况,有计划地逐步完善硬件设施的投入。特别是一些自身技术筹备不足的基层文化馆,盲目追求硬件设备的高、大、全。不仅让昂贵的数字设备无用武之地,反而增加了设施的维护成本。因此,基层文化馆在加大资金投入的情况下,应学习先进单位的经验,结合自身的实际情况,按计划逐步完善数字化硬件设备的建设。如优先考虑电子阅览室的建设,其次完善数字化培训必备的设备等。

4. 提高基层文化馆数字化服务功能的水平

对于基层文化馆来说,文化馆数字化建设是一项全新的服务方式,对这方面工作的研究缺乏,大多数仍停留在信息发布、工作动态发布的初级阶段。至于数字化培训、网上艺术展厅、互动平台等新的服务功能,均受制于技术和其他种种原因,无法建立起来。因此,我们在加强数字化专业技术培训的前提下,着重抓好两件工作:

一是提高对数字化文化馆服务特征的认识。数字化文化馆是对文化馆阵地服务、流动服务的全覆盖,并突破服务时空、场馆、受众的限制,增加资源的无限使用率,是新形势下公共文化服务的创新模式,只有充分认识到这点,才能了解文化馆数字化建设的重要意义,从而提高基层文化馆做好数字化建设的积极性。

二是提高对数字文化馆服务内容的认识。数字文化馆可实现文化馆服务功能的扩展和延伸,可以实现网络培训、网上艺术展厅、文化艺术培训、远程服务指导等全方位的服务。我们要提高基层文化馆对数字化文化服务功能的认识,培养和指导基层文化馆开拓数字服务功能,

只有这样，才能确保基层文化馆数字化建设落到实处，取得实效。

基层文化馆数字化建设，是推动文化服务创新的一项重要举措，是实现全民艺术普及的重要手段。虽然基层文化馆在数字化建设中面临不少困境，但只要我们对症下药，克服困难，一定会实现基层文化馆数字化建设的快速发展。

浅谈社区广场舞的引领与提升

（高邮市文化馆）

张晓燕

如火如荼的社区广场舞，正以蓬勃发展之势走进人民群众的生活，它已从最初舞蹈爱好者的小群体活动，演绎成大规模的社区团队活动，在内容和形式上，已经远远超越广场舞本身的健身、娱乐范畴，一些团队不仅讲究广场舞的健身功能，更注重舞蹈的音乐、档次、风格、艺术的完美。高邮市广场舞的兴起是在20世纪90年代以后，随着城乡文化广场的兴建，广场舞队伍逐步壮大起来，据不完全统计，90年代末，高邮市广场舞爱好者只有近千人，现在有一万多人，翻了十倍多。近年来，市文化馆把广场舞的引领与提升作为全民艺术普及的突破口，通过培训、指导、竞赛、展演等有效途径，引领广场舞发展方向，提升了广场舞艺术水准，规范了广场舞秩序管理，一个姹紫嫣红、各具特色的社区广场舞的发展格局已经形成。

随着社会经济的发展，以及人民群众文明程度的提高，人们已从追求物质享受向精神享受层面跨越，舞蹈艺术也从舞台走向了广场，走向人们的日常生活。广场舞是一种大众健身、通俗易学的舞蹈形式，也是一种能在广场上进行的集体健身运动。它脱离了舞蹈的专业范畴，在群众中产生，在群众中传播，在群众中使用，有着非常广泛的社会基础。广场舞的繁荣和发展，不仅仅取决于广场舞自身的魅力和影响力，还与地域文化甚至广场文化的历史渊源有着密切的关系。

一、广场舞迅猛发展的历史基因与追溯

高邮市位于江淮地区中部,地域辽阔,民风淳朴。高邮的民歌、秧歌、湖船、高跷、舞龙、打钱叉等,一直是活跃在民间的艺术形式。尤其是荡湖船、扭秧歌、舞龙、踩高跷、打钱叉等活动形式,它们的演出场所是广场,演员是普通百姓,采用的音乐是民间耳熟能详的,这些艺术形式,深扎在民间文化沃土之中,它与当今的广场舞有着割舍不断的血缘关系。

一是表演场地相同。在广场上表演,是最显著的特征,因为只有广场才能适应这样的表演。它不受演员和观众人数的制约,它接地气不矫情,淳朴到观众都能随时参与表演互动,是与大众最贴近的艺术形式。

二是演员对象相同。都是老百姓自愿参加的演出团体,他们不要名利,不要报酬,只要参与,自娱自乐。

三是组织形式相同。以松散的组织形式开展活动,遇到节日、节庆,就自发地组织起来开展活动,既娱乐自我,又惠顾别人。

传统的民间艺术,并没有随着历史的变迁而消逝,依旧在当今的舞台上绽放异彩。高邮市临泽的高跷队不仅享誉大江南北而且还走出了国门,高邮民歌成为国家非物质遗产,舞龙、打钱叉、扭秧歌也经常活跃在街头巷尾,成为人民群众喜闻乐见的群众文艺形式。因此,高邮市广场舞的迅猛发展,得益于深厚的民间文化土壤的培植,得益于民间艺术表现形式的熏陶和影响,得益于民间文化传承的强大生命力。

二、广场舞的现状调查与分析

随着全民健身运动的蓬勃兴起,社区广场舞是一项深受百姓喜爱的娱乐形式,尤其是 20 世纪 90 年代末,农村文化广场的兴建及体育设施派送增加,助推了农民健身活动的开展。近年来,城乡广场舞方兴未艾,生机勃勃。笔者对当下广场舞现状进行了专门的社会调查。

（一）参与对象的广泛性

一是从年龄结构上看:35 ~ 55 岁参加广场健身舞锻炼的人数占

60%,55～65岁参加广场舞锻炼的人数占20%,65岁以上仅占10%,其他占10%。由此可见,中年人依旧是广场舞的主力军。

二是从参与对象文化层次看:具有大学学历的或者高级知识分子占15%,具有高中学历的占25%,具有初中学历的占45%,其他占15%。不同文化层次的对象对广场舞的认知程度不同,对健康生活的追求力度也不一样,更多的是一种从众心理的驱使,在锻炼中寻求快感和乐趣。

三是从性别比上看:女性占95%,男性只占5%。男女比例失调是农村广场舞普遍现象。

四是从区域活跃度上看:市区活跃度最强,几乎风雨无阻,每天坚持,即使下雨也会找室内或者遮雨的场所锻炼;农村大镇较强,高邮市三垛、临泽、界首、送桥等大镇,在团队阵容、整体水平、艺术水准方面都比其他乡镇高。

（二）参加人员的目的性

调查中发现,不同年龄、不同文化层次,甚至不同家庭的人,参加广场舞的目的都是不一样的。年轻人,大部分是为了健身减肥,追求时尚;中老年是为了强身健体,愉悦身心,社会交际;知识分子则是寻求艺术享受,陶冶情操。许多家庭妇女从灶台走向了广场舞台,从麻将桌上转移到广场上,居民之间沟通多了,矛盾少了;街头巷尾谈跳舞、谈艺术的人多了,谈麻将的人少了;社区里比健康比舞姿的人多了,比吃穿比住房的人少了;维护社区荣誉积极参与竞赛的人多了,消极悲观、不思进取的人少了。

（三）组织形式的松散性

由于广场舞对象涵盖在职和退休两种人群范畴,人员的流动性大,在职职工一般都是利用下班后的时间参与活动,而退休人员,时间相对充裕,他们经常利用白天排练,交流切磋的机会也比较多。为了适应这两种人群的特点,许多社区都是采取两种组织形式开展活动。一是由社区出面组织,选拔骨干成员组成精英团队,参加上级活动,或者竞技表演;二是顺其自然，团队没有稳定性，人员结构松散，学习效率不高，有的甚至不能参加比赛或者一些公益性活动。

（四）功能强大的适应性

为什么每天广场上跳舞的对象趋之若鹜？这是源于它的运动形式和内涵的强大功能，这个功能涵盖健康、愉悦、养生、交际、陶冶等多方面的适应性，具体说它有以下三个作用和三方面价值。

作用之一：有益于健身。形体是指人体结构的外部形状，人的精神气质和气度取决于良好的身体姿态和健康的形体。广场舞内容丰富，它独具特色的舞步不仅可以健身减肥，还能很好地矫正不良身体姿态和改善身体缺陷，练就出优雅的个人气质。此外，经常在众人面前跳广场舞也能增加胆量和自信心，使人变得更加充实、自信。

作用之二：有益于增强体质。广场舞是一种有氧运动，长期进行锻炼可以提高心肺功能，如果每周保持运动在三次以上，能增加体内血红蛋白的数量，保证了人们进行剧烈运动时，机体能够满足气体之间的相互交换需要，提高了机体的水平，提高心率储备。由于心脏的工作能力和储备能力的增强，心血管系统的机能也得到了提升。在进行广场舞练习时能够全面地锻炼到人体的各个部位，可以有效地提高关节的灵活性，使肌肉的力量不断增加。对骨骼、肌肉、韧带、关节均有良好的刺激作用，起到非常有效的增强体质作用。

作用之三：有益于心理调节。长期坚持运动锻炼能够改善不良情绪，释放内心在生活和工作中积累的不快，可以消除大脑的疲劳和情绪的紧张，从而缓解压力。练习者在优美动听的音乐中配合富有节奏感的舞步，感受到愉悦的情绪，从而达到最佳的心理状态。经常进行一些有规律的、适量的、具有一定技巧性的有氧运动能让人的思维、感觉和反应都更灵敏。

三方面的价值就是审美价值、竞技价值和社会价值。

一是审美价值：广场舞练习者需要在理解音乐的基础上将动作与音乐节拍和旋律融为一体，这就需要练习者不断提高审美意识，通过在练习时用心去感受音乐意境,塑造出不同节奏的不同动作,在给观赏者呈现出高度的形态美和意境美的同时,自己也在美的环境中接受艺术的熏陶。

二是竞技价值:随着越来越多的不同年龄层的人群投入广场舞的学习,关于广场舞的各式各样的竞技比赛也随之而来。在这些比赛中,对广场舞蹈的各方面有了明确的标准,这是广场舞蹈竞技价值的体现。竞技性广场舞蹈运动的蓬勃开展,促进了广场舞运动水平的提高。

三是社会价值:城市化的快速发展,加剧了人与人的距离,人们迫切地需要情感的交流和良好的精神生活,体育运动作为一种积极的生活方式,不仅能增强参与者的体质,而且能最大限度地为人们提供交流的机会,使其在集体中找到友谊与归属感。广场舞正适合当前的社会发展和人们的健身需要,具有一定的社会价值。

三、广场舞发展过程中存在的问题

广场舞一路走来已经十多年,在扶持和发展这个健康有益的活动的过程中,各地做了大量工作,但依旧存在许多薄弱环节,主要是以下几个不适应:

一是活动场地不适应。广场舞发展之迅猛,参与人数之多是地方政府和社区组织始料未及的。就我市城区而言,原来的海潮广场,被小车停车占用一半,公园改造,叫停了文化娱乐活动,大部分舞蹈爱好者涌向净土寺广场,每晚有各类舞蹈方阵 10 多个,互相干扰,场地纠纷经常不断。农村集镇场地相对宽松些,但原始的广场设计是以绿化为主,活动场地相对狭窄,限制了广场舞队伍的发展与壮大。

二是召集人素质不适应。广场舞团队的召集人是由队员推荐产生的。一般这些人员吃苦精神较强,甘于奉献,不辞劳苦,不计报酬。但组织协调能力参差不齐,要想以自身高素质引领队员追求艺术、传播正能量、促进社区和谐,还必须加强管理和培训。

三是广场舞竞技规则不适应。广场舞竞技需要一个公平、公正的竞赛细则。这几年,由市文化馆牵头虽然积累了一些比赛经验,但是,离规范、有序、公平、公正的要求还存在一定距离。

四是场地管理措施不适应。突出表现在噪音扰民问题尚未得到妥善的解决。一些地方矛盾突出,市民反映强烈。

四、引领和提升社区广场舞的对策和途径

社区广场舞,已经成为人民群众文化生活的重要组成部分,切实加强广场舞的培训和管理,不断提升广场舞的品位,是摆在基层文化部门面前的一项不可推卸的重要任务。近年来,高邮市文化馆,不断积累经验,创新工作方法,走出了一条全新有效的管理之路。

(一)加强业务培训,矫正团队的"轴心"

一支广场舞的团队素质的优劣,在于这个团队的领头雁,他就是这个团队的轴心。长期以来,由队员自行推荐选出的负责人,很少接受相关部门的专业培训,负责人的协调能力和专业水平得不到保障。几年来,我市文化馆,开辟了广场舞管理绿色通道。对基层推荐的团队负责人进行专业培训,挂牌上岗。有了这样一个有专业水准的"轴心",带动整个团队运转,就不会偏离广场舞健康运行的轨道。

(二)制定竞技细则,确保参赛"放心"

开展社区广场舞竞赛活动,是提升舞蹈技能、增进团队交流、提供学习平台的好机会。但是,由于业内还没有系统规范的竞技细则,比赛完全依靠评委的印象计分,不可避免地存在着人情分、照顾分、印象分的潜规则,这样容易有失竞赛的公平,挫伤团队的积极性。因此,为了避免上述情况的发生,让参赛队员放心,文化馆根据广场舞的门类,聘请专家研究制定了广场舞比赛规则,以及分值计算办法,并将这些方法发给团队,让他们放心地参加比赛,调动他们参赛的积极性。

(三)协调好场地矛盾,确保跳得"舒心"

场地矛盾,体现在三个方面:一是团队之间的矛盾,存在着抢占地盘,争大小的状况;二是噪音引起的周边群众反对;三是场地被其他因素挤

占。这些矛盾的存在,影响跳舞的情绪,容易激化矛盾。为了将这些矛盾化解在萌芽状态,文化馆负责人一方面认真倾听基层队员反映的情况,另一方面经常到实地查勘,与社区干部一起帮助跳舞团队解决实际问题。

(四)开展丰富多彩的赛事活动,凝聚舞者"人心"

凝聚广场舞的"人心"的手段并不复杂,就是要常年开展活动,一方面由文化局主管部门发文定期开展全市广场舞大赛,另一方面支持民间自发举行广场舞邀请赛,或者互访活动。全市大赛,由文化馆制定规定舞和自选舞参赛。民间赛事,文化馆主动介入,参与其中,确保赛事公平公正,符合要求。

(五)提升广场舞的荣誉度,激活舞者的"进取心"

广场舞的荣誉度是比出来的、赛出来的,我们将大赛的前几名团队进行"再加工",打造成精品,给他们新的平台,从广场走向舞台,从本地走向外地,从一般走向优秀,通过走出去、开眼界、找差距,不断完善自我,提升自我,创造出有鲜明地域特色的舞蹈团队,为本市广场舞的繁荣昌盛,树立旗帜,创新夺魁。

浅谈在群众文化中精品舞蹈创作的艺术化的运用及表现手法

（扬州市邗江区文化馆）

邹英龙

随着我国国民生活水平的提高，人们对生活的追求和享受也更加地重视了，娱乐生活亦应运而生。而舞蹈作为群众文化中的重点娱乐项目，深得群众喜欢，那么创作出高质量、高效的舞蹈步骤和舞蹈流程是娱乐的关键性环节。舞蹈的创作是一个复杂的过程，在创作的过程中要注意音乐与步伐的有效结合，才能创作出大众普遍接受的精品舞蹈。本文针对群众文化中的舞蹈创作的运用和表现手法进行研究，希望通过现代化的理念和文化内涵来丰富舞蹈的创作新思路。

舞蹈的创作过程本身就是一个复杂的过程，它包括题材的选择、音乐的插入和内容的融合等，通过在空间和力度上进行统一的运用，从而有效地实现舞蹈的整体创作和更新，完成一个优秀的艺术作品，舞蹈的有效运用和高效的表现手法是实现舞蹈的创作的根本性因素，为舞蹈创作的成功提供了有力的保障。

一、舞蹈创作艺术化的运用及意义

（一）舞蹈创作的运用

舞蹈创作从多方面进行，而且舞蹈内容和形式是相互统一的，这些都是舞蹈创作的重要表现，我们要将一个好的作品展现给观众，就需要对舞蹈进行统一的整合和安排,从而创作出一个完美的舞蹈,为观众带来视觉上的享受。

首先,舞蹈表达的是演员的内在情感和真实的想法,观众通过观看,来感受情感的释放和宣泄。这是我们在舞蹈创作中应用最为广泛的方法,它通过对舞蹈表演者内心的感情来做基础,从而使舞蹈的表现更加富有色彩,内容更加丰富。我们在创作的过程中首先要了解的,就是创作的动机和舞蹈故事的情节,这些都是舞蹈表现力的最佳方式。

其次,舞蹈的后期也是关键性环节,我们需要围绕舞蹈创作的主题和背景来进行后期的编排和创作,通过对主题的选取来吸引观众的眼球,引起共鸣。同时,需要对舞蹈的载体进行选择,舞蹈的方式有很多种,通常包括现代舞、古典舞和民族舞等,这些都是我们选择的对象和内容。所以说,选择的过程不能盲目,要根据观众的喜好来进行载体的选择,从而使得舞蹈的呈现更加符合观众的品位,使他们更容易接受和认可。

最后,就是舞蹈创作的结构整理和情节的编排。通过对舞蹈内容和结构进行编排,舞蹈的场景和内容更加符合原本的情节设计,主题要鲜明,内容要具体,情节要详细,这些都是舞蹈创作的根本性环节。在进行舞蹈创作之前一定要梳理好情节,把编织工作做好。在创作中结构创作与情节编织是同时进行的,在进行情节编织的时候就会按照构思进行创作。因此,舞蹈编导们一定要合理运用两者的关系,来更好地完成艺术作品的创作过程。

(二)舞蹈创作运用的意义和重要性

通常来看,舞蹈是空间的主要载体,舞蹈通过运用肢体和节奏音乐等来表现他们的艺术手法,而且表现了舞蹈表演者的心理感受,这些都是舞蹈创作运用的主要目的。而且他们通过对情感的表达将整个舞蹈创作的手法和技巧运用出来,需要他们不断地进行思考,从而去挖掘出更加富有表现色彩和更加有表现力的舞蹈创作手法。同时,舞蹈的艺术创作不仅使观众得到了视觉的盛宴,而且在表演的过程中使得我国的历史和各个时期的发展都极大地表现出来。无论是简单的舞蹈步伐,还是具有舞蹈设计场景的华丽舞蹈编排,都拥有历史文明和精神成果,创作者通过将这些优秀的因素和作品加入舞蹈中,通过运用舞蹈创作手法的技巧,从而创作出了更多更好的优秀作品。

二、舞蹈创作艺术化的表现手法

(一)传统编舞方法

传统的编舞方法是现在国内外艺术家高度接受的舞蹈创作方法,它主要是通过周边的场景,将环境周围的声音和色彩等运用到舞蹈的编排中去,采用模拟和象征的手法来进行舞蹈的创作。当然,舞蹈创作中"师法自然"就是从生活中摄取元素,并把它们提纯、复现、个性化、形象化和韵律化,把抽象的动作又具体化为情感语言,赋予舞蹈动作、舞蹈节奏、舞蹈造型以深刻内涵。观众之所以能接受,是因为我们的感知是在过去全部生活经验积累的基础上进行的,只要用虚拟的动作和道具做极小的外来暗示,就可以唤起整体的联想。假设性的形象化动作及以部分小道具代表整体,这就是在舞蹈中学习运用京剧传统表现的手法。

(二)多种方法重合掌握

舞蹈作品虽然以不同的主题、不同的表现手法去创作艺术形象,但这些作品的品格是崇高的,是健康向上的。它们以不同的方式、不同的角度去反映生活,并给人以振奋、以启迪、以美的享受和熏陶,使人从中领悟一种情操的美,使人们对生活、对社会产生一种深切的爱,这就很好地起到文艺作品的教育作用。殷切期待我国舞界真正能以立足时代的文化自觉,以最大限度地发挥舞蹈本体的功能和效应,使舞蹈文化在当代中国文化发展的历史进行中,坚挺地占有令世人瞩目的一席之地。

三、结　语

舞蹈肢体动作作为语言表现形式的一门艺术,它有别于其他艺术,具有它自己的特征和不可替代性。舞蹈是人民的艺术,是大众的艺术,是生活的艺术,因此舞蹈也就具有了广泛的群众性。在现如今快速发展的时代,文化多种多样,人民需求各异,舞蹈创作要把握正确途径,确立其基本内容,使其表现艺术性,并且还要在实践中不断探索,把舞蹈创作手法运用于创作舞蹈作品,相信很快便会有更多优秀的作品涌现出来。

关于新时期开展全民艺术普及的几点思考

（扬州市江都区樊川镇文化体育站）

嵇　鹏

优秀的文化艺术是一个民族的精神与阳光，在全国各族人民努力实现中国梦的征途中，艺术用她独有的内涵，发挥着特有的作用。本文就全民艺术普及在国民综合素质提高中，以及在推动文化强国战略中所起的作用进行阐述，同时就如何进行艺术的全民普及进行了浅析和探讨。

艺术是一个民族精神之精华，是引领先进文化的体现，是时代前进的号角。目前，全国各族人民正沿着党的十八大确立的奋斗目标，一步一步向着实现"两个一百年"奋斗目标、实现中华民族伟大复兴的中国梦迈进。在当前历史前进的车轮中，举精神之旗、聚中国力量、锻中国品质、树中国尊严、铸中国灵魂，都离不开艺术。

2015 年 1 月，中办、国办印发了《关于加快构建现代公共文化服务体系的意见》，提出了"积极开展全民艺术普及"的行动纲领，为新时期文化建设提出了更高的要求。

一、全民艺术普及的重要性

在新的历史时期提出开展"全民艺术普及"的理念，赋予了艺术更新的解读与内涵。艺术不只专属于专业人士，而是属于全民。全民艺术普及对于一个民族的振兴有着重要的作用。

（一）全民艺术普及能有效提高国民综合素质

中国经过百年的发展,从曾经的一穷二白,成为位居世界第二大经济体的国家,国人为之振奋。但是现代国民综合素质与飞速发展的社会经济极不相适应。全民艺术普及正是修正这种不对称关系的一副灵丹妙药。

1. 全民艺术普及能提高国人的审美意识

"艺术"具有审美功能、认识功能、教育功能、娱乐功能。审美素质是人们最基本的素质构成,蔡元培先生最初曾提出"美育"的观念,是与艺术的社会功能一脉相承的。他说:"美感者,合美丽与尊严而言之,介于现象世界与实体世界之间,而为津梁。"因为人的心理品质包含知、情、意三个方面,健全的人格要求三者和谐一致的发展。所以他说:"美育者,应用美学之理论于教育,以培养感情为目的者也。"美感的普遍性和超功利性,能让人们养成高尚纯洁的习惯,超越利害,融合人我,从而保持一种健康、平静的心态。

长期以来,中国的社会教育、家庭教育、学校教育一直以"德智体"教育为主,对于"美育"的教育往往是缺失的,这种缺失带来的社会现象逐渐体现在我们的生活中,因为我们不知道什么是美,什么是丑,不能辨别善与恶,所以出现了意识形态的偏移,造成了人们道德水准的滑坡。

究竟如何切实的加强"美育",培养高尚情感,心灵美好的公民仍然是社会教育事业中的重大课题。

2. 全民艺术普及能改善我们的生活方式

通过艺术普及增加艺术素养,一方面,它可以让一些人从腐朽、没落、低级的文化生活方式中解放出来,远离黄赌毒,振奋人们的精神世界;另一方面,它是人们生活的幻彩剂,让艺术直接服务于我们的日常生活,使我们的日常生活充实和完美。

近年来,通过公共文化服务体系的建设,人们的生活得到了有效改善,譬如,全国兴起的广场舞热潮,让一大批中老年人享受到了艺术所带来的快乐。全民艺术普及,会让更多不同年龄层次的人们去汲取艺术的营养,为我们的生活质量服务。艺术来源于生活,而我们的生活更需要艺术。

3. 全民艺术普及能端正我们的行为活动

艺术对于社会也是有益的,人类社会在形成和发展中,艺术反映出各种不同文化的力量,对我们日常生活中的所有方面都产生很大的影响,而且,艺术对更广范围中的观念和行动起到很大的作用。同时,在艺术中不同的思维方式、工作方式和表达方式,以及学会解决问题的艺术方式,为人类社会提供了表达、分析和发展的工具。了解艺术对我们的影响,以及对我们社会的帮助是十分重要的,例如,在没有标准答案的情境中的决策;分析非词语的交流,并对有关文化的产物和问题做出有见识的判断;用各种方式交流他们的思想和感情,有力地增强自我表达的内涵。在充满令人困惑的信息的世界里,艺术教育还有助于年轻人探索、理解、接受和运用模糊性和主观性的事物。如同生活,艺术中往往不存在明确的或"正确"的答案,而这一点正是艺术追求的价值所在。

(二)全民艺术普及能推动文化强国战略

在近代社会历史发展中,曾出现过科技救国、文化救国、实业救国等种种理论,艺术救国的思想在 19 世纪末 20 世纪初也随着中国遭受苦难与屈辱,在诸多艺术先驱的忧愤与抗争中展露出现。我们知道,中国在很长一段时间里,经济的发展多是集中在密集型产业形态中,没有自己的品牌与创新,我们只是一个廉价的生产工厂,还有就是用牺牲不可再生资源和严重的污染厂矿企业换来短暂的发展。习近平总书记在杭州 G20 峰会中提出的绿色发展等战略理念,被大家称之为杭州共识,"绿色发展"就是我们要从传统工业经济中出来,走一条生态发展之路,那就是需要我们有丰富的创造力和自己的风格,在掌握先进技术的同时,发挥艺术的创造力,大力发展文化创意产业。这如何实现,就需要我们有全民艺术普及教育的计划,让我们国家成为一个具有极高艺术素养的国家,做到人人懂得欣赏,人人都有创造和审美能力。

二、全民艺术普及的方法

如何更好地实现全民艺术普及的目标与效果，是摆在基层文化工作机构，以及文化工作者面前最需考虑的问题。

艺术普及的方法归根到底就是自觉与不自觉地去接受艺术的营养与艺术的技术本身。

（一）自觉接受，针对的是那些本身有接受艺术教育要求的人群

对于这些群体，艺术普及最有效的方法就是搭建艺术教育平台。平台的搭建方式从目前来看有两种，一是传统的教育方法，利用文化馆、艺术馆、学校等资源机构开设多种艺术门类的培训班、辅导班；二是通过互联网开设微课堂，满足教育需求。

江都现有人口将近 105 万人，面积 1332.54 平方千米，建有区文化馆、图书馆、博物馆各 1 所，13 个乡镇 13 个文化体育站，目前的状态是有效平台少，文化资源、人才资源缺乏，没有科学的普及机制与管理方法。辖区内中小学教育中很少开设艺术教育课题。打破传统教育中存在的瓶颈问题，可以从以下几个方面进行考虑：

（1）有效利用现有文化馆（站）平台，大力引进社会资金、社会人才，建立相应的激励机制和管理机制。

（2）延伸社会教育网络，通过政府推进，积极完善村（社区）综合文化服务中心建设。在社区建立老年学校、少儿艺术培训等艺术机构。

（3）基层成人教育机构要定期开设社区艺术教育课堂。

（4）政府采购有一定影响的社会培训机构，为群众提供多样化的培训课程。

（5）在基础教育中，要形成一套规范的艺术普及工作体系和教育方法，积极培育合格艺术新苗。

（6）为艺术普及各级平台输送必要的艺术交流人才。

传统的艺术教育方式，受众人群主要集中在中老年和少年儿童之中，

互联网时代,大家的生活方便了,尤其对于新生代人群,微课堂,是他们接受艺术教育的重要途径之一。

通过整合全社会的师资资源、场地设施资源和网络资源,采取现场教学和远程培训方法,广泛组织开展包括表演技能、创作技能、制作技能等在内的各类艺术技能培训。各级公共文化机构应当制订年度艺术培训计划,提供示范性培训。

（二）不自觉普及教育,针对的是主观上缺少艺术意识的人民群体

艺术,是比较个人化的事。除了受自身一定素质因素影响,有相当部分原因应归于天赋,这包括对艺术敏感度的感受天赋和对艺术技能具备的天赋,人的欣赏水平高低,与这有比较大的关系。敏感度的高低,决定了个人爱好程度的深浅。敏感度高的人即使不受什么专业训练,他的感悟能力一定也比不高的人要强、要快。有的人天生就没有这方面的细胞,他不爱好,我们可以慢慢引导,引导了,可能了解得就多了,逐渐就会达到普及所要达到的层面。艺术是种个性化的行为,普及是种大众化行为,但绝对不是刻意灌输。而要达到一种潜移默化的效果,需要我们通过组建各种艺术团体、开展各种活动等各种手段去传播、去刺激,引导他们从不自觉到自觉地去接受艺术普及教育。

1. 艺术知识多面传播

（1）积极推行全民阅读工程,建立全民艺术普及书目推荐机制,定期向市民推荐可读性强、艺术水准高的读本。各级公共图书馆每年采购全民艺术知识普及类图书,满足基层需求。

（2）利用媒介传播。利用群众感兴趣的话题与各种专题讲座,丰富艺术内容。建立全民艺术普及讲座资助机制,大力推进艺术传播、群众认同度高、社会效益显著的系列讲座,并给予扶持。广泛运用广播、电视、报纸、网络等全媒体、多终端传输手段,加强全民艺术普及讲座的宣传、普及和推广。

2. 艺术活动感官刺激

（1）开展文化活动。组织形式多样的广场文化活动,引导市民健康、

有序、文明地参与文化活动。依托重大节日开展各项节庆文化活动,将中华优秀传统文化、地方特色文化、非遗技艺等融入其中,拓展延伸文化艺术品牌。

(2)积极组建文化志愿者队伍,鼓励和引导群众自发组织参与业余文艺团队,指导团队开展艺术创作和各类活动,丰富群众业余文化生活。广泛开展形式多样的才艺比赛活动,通过赛事参与其中,让越来越多的人民群众感知艺术带给大家的快乐。

3. 艺术欣赏经典引领

(1)举办文艺演出。开展"艺术文化周周演""经典剧目送戏下乡""重大节日专场演出"等活动,通过政府采购、政府补贴等方式,不断加大文艺演出类文化产品的供给。各级剧场、演出公司要大力引进名团、名家、名作和艺术经典,提升市民的欣赏水平;通过降低票价,吸引更多的观众走进剧场。

(2)开设艺术展览。以博物馆、美术馆、展览馆为龙头,聚集社会各类艺术创作室、画廊、艺术空间等形成公益展厅联盟。定期举办各类规范化、品牌化、综合效益明显的艺术展览展示活动。

新时期开展全民艺术普及是一项为民、利民、爱民、惠民的民心工程,也是各级文化主管部门和广大文艺工作者的长期工作任务,意义深远,责任重大。我们必须全面认真学习贯彻习总书记在全国文艺工作座谈会重要讲话精神,与时俱进,求真、务实、锐意改革,创新发展。学习新知识,探索新路子,坚定新理念,融入新常态,在提高上下功夫,在普及上做文章,为不断提升全民文明程度和幸福指数做出应有的贡献。

苏北群众文化的现状与出路

（扬州市广陵区文化馆）

王 婷

本文系统地剖析了苏北群众文化的现状，基于目前的现状提出解决方案。在认真领会十七届六中全会精神的同时，自觉地忠于职业操守，以科学发展观创新未来的观点，开展苏北群众文化工作。

长江横穿江苏省，江南俗称苏南，江北俗称苏北。

苏北坐落着 40 个县（市）区，土地面积 5.23 万平方千米，人口 3228 万，土地面积和人口分别占江苏省的 51.9% 和 44.8%。苏北，半壁江苏，由于历史和地域交通等因素，至今仍属于经济欠发达地区；苏北的经济建设制约着苏北的文化建设，新中国成立，尤其是改革开放以来，苏北的文化建设虽然得到了长足的进步，但与苏南等经济发达地区相比，差距依然较大。

党的十七届六中全会，划时代地提出了社会主义文化大发展大繁荣的口号，这是大国崛起的文化坐标，也是民族复兴的文化春风。然而，经济欠发达的苏北文化事业，如何突破瓶颈、与时俱进？如何抓住机遇、穿越前行？笔者从事苏北群众文化工作二十多年，为此专门走访了苏北部分群众文化馆（站），就苏北群众文化的现状和苏北群众文化的出路，做了一些考察与构想。

一、苏北群众文化的现状

苏北的群众文化尤其是硬件设施，在近三十多年来改观明显。

首先,苏北的文化馆(站)在各级党委政府的关心支持下,基本上都拥有与地方群众文化需求相匹配的馆(站)房,有的文化馆(站)甚至还建成文化大院和文化小楼。在这些文化场所里,大都辟有办公场地、节目排练场地和图书阅览室、文体娱乐室,有的文化馆(站)还有小舞台、演艺厅等,群众文化的阵地与设备功能基本齐全;其次,苏北文化馆(站)先后实现了文化干部的足额配备,文化馆有岗有人,文化站一站一人(甚至一站多人)。同时,苏北的群众文化干部队伍也逐步年轻化、知识化,60后、70后甚至80后、90后,正在成为苏北群众文化队伍的主力军。

然而,苏北的群众文化虽然有阵地、有设备、有人员、有队伍,但是苏北的整体群众文化却疲于应付、流于形式、缺少亮点、鲜有特色,具体表现在以下几方面。

(一)有阵地,缺人才

苏北的群众文化,虽然拥有自己的阵地,但是严重缺少阵地上的人才。

几十年来,由于传统人事制度的制约,群文干部的配备权不完全掌握在文化主管部门,手中一批又一批部队转业干部的安置,其他行业干部的调入,以及非文艺类大学生的考进,使得群文干部缺失群文技能,专业岗位缺失专业人才;相反,苏北各地原先专门培养群文人才的文化学校、艺术学校,近些年大都关停并转,群文人才的输入逐步断了源头,即使偶尔发现拥有群文特长的社会人才,也因地域、户口、性质、学历等诸多原因难以引进和使用。长期的恶性循环,致使苏北群众文化干部队伍的非专业化现象越来越严重。据调查,近半数以上的群文干部,在文艺编导、表演、舞台美术(灯光、服饰)设计、书画摄影等群文项目上无一胜任,其中乡镇文化站尤为严重,相当一部分的群文干部成了群众文化的"甩手掌柜",遇到群文活动,先向政府部门要钱,再在社会上花钱请人,群文部门群文岗位的专业性群众文化正在边缘化,从而使得苏北部分群众文化阵地,因缺乏人才成了空架子、形式化。

（二）有作品、缺精品

苏北的群众文化活动开展基本正常,在一年年一次次的群文活动中也涌现了一批批群文作品。然而,纵观这些群文作品,大都有数量缺质量,有作品缺精品,主要有以下表现:

（1）内容上缺乏创作。苏北群文活动的群文作品,在内容上基本抄袭复制,歌舞类节目无非是《好日子》《好运来》《好大一棵树》等,器乐演奏类节目无非是《喜洋洋》《步步高》等,语言类节目无非是赵本山模仿秀等。即使应领导要求,创作反映本地区好人好事的节目,也只能找来当地的业余创作人员,或是就着老曲填新词,或是写就一些所谓的小戏小品,这些歌词基本上不讲究韵辙平仄声,这些小戏小品基本上不讲究起承转合,没有质感的原创,自然没有佳作精品的诞生。

（2）形式上缺乏创新。苏北群文活动中的群文作品,在形式上基本是老模式、陈旧化。歌舞类节目照着成品生搬硬套,依葫芦画瓢;器乐类节目,坐在凳上看着曲谱演奏;语言类节目甚至还沿用"三句半""四老汉"等。这些表演形式千篇一律,不断重复,缺乏地域特色,缺乏时尚元素,缺乏艺术创新,既不能满足新时代观众不断更新的欣赏情趣,又无法推陈出群文精品。

（3）演绎上缺乏创优。苏北群文活动中的群文作品,在演绎上基本是艺术业余化,演员老龄化。由于没有人才编导,在作品呈现上只能就低难就高;由于没有人才演员,在表演者在组成上只能使用夕阳红艺术团的老年人和不完全具有艺术表现力的业余演员。这样的演员结构,只能使作品演绎无法达到艺术的高度和厚度。内容上缺乏创作,形式上缺乏创新,演绎上缺乏创优,是苏北群文作品缺乏艺术精品的主要症结。

（三）有高地,缺高峰

新时期的苏北群众文化,知难而上,奋力争先,在硬件设施上,苏北的县区文化馆基本达到三级馆以上,有的文化馆还达到二级馆、一级馆;苏北的乡镇文化站基本达标合格。然而,在全省全国产生影响的特色文化馆(站)、品牌文化馆(站)、知名文化馆(站)凤毛麟角。在群文作品上,苏北也涌现出一些群文力作,如阜宁县文化馆的小戏《画像》进京为党的十六大献礼演出,东台市文化馆的小戏《我是你的留守妻》参加第九届中国艺术节,广陵区文化馆的小品《三秀探亲》、通州市文化馆的音乐小品《半夜鸡叫》亮相中央电视台全国喜剧小品大赛,海安县文化馆的海角花鼓为北京奥运会演出,涟水县文化馆的民间特技《二喜摔跤》应邀出国演出,以及一批歌曲、舞蹈、书法美术摄影等群文作品先后荣获文化部群星奖和多项全国性奖励;然而,这些苏北群文群品,或未达到异地共赏,或未达到异时共存,或难流行,或难流传,舞蹈不及苏南的《担鲜藕》,小戏不及东北的"二人转",苏北方言小品不及东北方言小品……苏北群众文化尚有高地,缺少高峰。

有阵地,缺人才;有作品,缺精品;有高地,缺高峰,这就是苏北群众文化目前的基本现状。

二、苏北群众文化的出路

苏北群众文化,如何贯彻党的十七届六中全会精神?如何尽快转变苏北群众文化的现状,如何尽快踏上苏北群众文化的新路?如何尽快融入苏北文化事业的大发展大繁荣?笔者认为应从三个方面做出突破。

(一)组建一支开放式的群众文化队伍

任何一项事业,要想提速发展,首先取决于是否拥有人才,苏北的群众文化亦是如此。在短时间内,通过政府人事渠道,改变苏北群众文化队伍结构,输入苏北群众文化人才资源,不现实也不可能;唯有解放思想,拓宽视野,放开手脚,才能网罗人才。具体方法是:

(1)人才签约制。苏北文化馆(站),首先应该从自身性地区性群众文化工作的实际需要出发,思考本馆(站)已经拥有什么样的群众文化人才,最紧缺什么样的群众文化人才,具体列出群众文化的人才盲点,然后面向社会,跨行业、跨地区招聘签约相关人才。对于人才的选择,应该轻学历、轻地位、轻职称,重能力、重实绩、重成果。群众文化人才,大致由两个部分组成,一是主创人才,二是表演人才。主创人才涵盖各类文艺节目的编剧、导演、音乐设计等,表演人才主要指各类文艺节目的演(奏)人员。对于签约的人才,每年给予适当的经济报酬,文化馆(站)则可以获得主创人才作品的优先选择权、首演权,演(奏)人才的优先使用权。签约主创人才,是打造群众文化精品力作的源头工程;签约演奏人才,是打磨群众文化精品力作的后续工程。人才签约制,等同借鸡下蛋、借船出航,对于人才贫乏的苏北群众文化,必定是事半功倍,立竿见影。

(2)人才剧组制。文化馆(站)采用人才签约制,必须具有相当的经济实力,而苏北许多文化馆(站)经济条件较差,为此可以采用人才剧组制。什么是人才剧组制? 即文化馆(站)针对一些重大的重要的整台演出或个别节目,针对性地选择相关主创人才和演(奏)人才,以剧(节)目为时间空间单元,快速聚集人才,快速催生力作,人才因剧组组建而来,人才因剧组解散而去。人才剧组制的优点是文化馆(站)不会背上长期的人才经济负荷,生产具有一定水准的剧(节)目短平快,缺点是人才相对难以固定,但对于缺少经济实力的文化馆(站),依然不失为权宜之计、过渡之策。

(3)人才联合制。苏北的文化馆(站)虽然人才紧缺,但是在本地区还是散落着一些群众文化的人才。有的文化馆(站)有编导无演(奏)人才,有的文化馆(站)有演(奏)人才无编导,这就需要文化馆(站)之间互通信息,互相支持,人才交流,人才联合。当某个文化馆(站)启动精品剧(节)目时,地区内(也可以跨地区)的文化馆(站)当有求必应,支援人才,同使群众文化系统,同尝群众文化甘苦,自会同心聚力,同舟共济,或无偿服务,或低价报酬。人才联合制,是苏北文化馆(站)整合系统人才、低成本打造力作的最便捷途径。

通过人才签约制、人才剧组制和人才联合制的实施,无论是短期还是长期,都将会有效解决苏北群众文化的人才问题。同时,组建一支开放式的群众文化队伍,也符合党的十七届六中全会提出的新时期文化工作的科学发展观。

(二)创作一批名声响的群众文化精品

群众文化,如果阵地是树根,人才是枝干,那么作品便是果实。群众文化作品的含金量多高,影响力多大,则是衡量一个文化馆(站)群众文化工作好与差的重要标志。苏北文化馆(站),只有不断创作演出群众文化精品,才能真正地加速苏北群众文化的大发展、大繁荣。何为群众文化精品?有些人习惯性认为,精品只能参赛拿奖,不能正常演出;只能叫好,不能叫座。其实,真正的群众文化精品,一定是立得住、留得下、传得远的雅俗共赏之作。苏北文化馆(站)如何才能打造出这样的群众文化精品?笔者的思路是:

(1)精品的素材选择眼光向下。决定一部作品的优劣成败,素材既是基础,又是关键。什么样的素材,将导致作品讲述什么样的故事,传达什么样的思想,寄托什么样的希望,呈现什么样的审美。素材选择眼光向下,这个"下"指的是生活、生活中的人、人的命运、命运的故事。苏北群众文化精品的素材选择,应尽量回避那些宏大的历史、巨大的事件,重大的热点;应更多地关注生活原貌、地域风情,更多地揭示生活本真、精神美丑。阜宁县文化馆的小戏《画像》,选取生活中个别干部以官仗势、下乡钓鱼、白钓白拿为创作素材,通过渔汉在日记本上默默地为这些干部画像,道出了"人生在世不留美名就留丑名"的至理名言,这个小戏先后奉调进京为党的十六大演出、荣获文化部群星奖。广陵区文化馆的小品《三秀探亲》,选取了生活中城市农民工苦中作乐、相互关爱为创作素材,通过一间工棚两张床,团聚的农民工夫妻与工友相互让床、相互温暖,再现了草根百姓人性的美好,这个节目开创了扬州方言小品登陆央视的先河。苏北一些较为成功的群众文化作品,在素材选择上都是直面生活,接了地气。唯有在热腾腾的生活中,寻觅素材,发现人物,塑造典型,展示审美,才能创作出带有苏北地域印记的上乘之作。

(2)精品的冲刺目标眼光向上。任何一部有潜质、有潜力的群众文化作品,都应该在各类各级的艺术赛事中,不断接受检阅,不断接受考量,不断听取专家和观众的意见,实现作品的不断打磨、艺术的不断成熟,从而达到作品晋升为精品的创作旨向。苏北群众文化作品应该树立精品意识,应该制定精品战略,应该明确精品目标。具体做法是,首先要注重层层赛事的信息搜集,然后或筛选出本馆(站)有望加工成精品的作品,或搭建可望创作出精品的主创班子,再根据单位的经济能力,尽力呈现。二度呈现,尤其在舞美、灯光、服饰造型上,建议以简代繁,以写意带写实,以内容带形式,先求准确,再求精彩,切忌贪大求洋,哗众取宠。苏北群众文化精品应该走平实朴实真实的艺术创作路子,应该奉献出一道道土味盎然的"农家菜"。唯有这样,苏北群众文化才能早出多出精品。苏南和全国许多文化馆(站)的成功经验证明,往往一个群众文化精品,就能救活或盘活一个文化馆(站),甚至能成为一个地方的文化名片,继而提升这个地方的社会知名度和美誉度。鉴于此,苏北群众文化精品,冲刺目标必须向上、必须走高。

(3) 精品的传播时空眼光向远。苏北部分文化馆(站)创作演出的群文作品,一旦获得市级、省级或国家级奖项,便自满自足,不再传播,奖牌高高挂起,节目随之消失。殊不知,精品的价值不单单靠奖牌的静态展示,更重要的是靠节目的活态演出,只有将精品节目演多演久,才能将精品的价值最大化。因此,获得精品称号的群众文化作品,一定要送到基层,与群众见面,或经常在本地演出,或争取到外地演出,通过观众的口口相传,使奖牌精品成为百姓的口碑精品,使精品在社会大众之间产生一次次冲击波。精品的传播时空眼光向远,精品才能不会褪色、不被遗忘。

只要将素材选择眼光向下,冲刺目标眼光向上,传播时空眼光向远,苏北文化馆(站)必定能创作推出保留一大批群众文化精品。

(三) 构筑一片时代性的群众文化高地

学习胡锦涛总书记的"七一"重要讲话和十七届六中全会精神,笔者认为,苏北群众文化不但要跟上苏北文化大发展大繁荣的总节拍,而且还要成为苏北社会发展和经济建设的生力军、助推器。群众文化阵地,再也不能成为可有可无的"摆设";群众文化活动,再也不能成为应时应景的"昙花"。如何在苏北构筑一片时代性的群众文化高地? 笔者设想:

(1) 将群众文化融入旅游业发展。苏北拥有许多旅游城市与风景观光区,如扬州、淮安、徐州、盐城、连云港等,各地文化馆(站)应根据所在地的旅游特色,创作一批推介地方旅游的文艺节目,与旅游部门联系联合,在旅游园区内固定时间、固定场所、固定标识、固定节目进行固定演出,从而让旅游经济品味化,让群众文化多元化。

(2)将群众文化介入非物质文化遗产的保护与传承。苏北大量的非物质文化遗产,本身就是民间文化(艺),群众文化更贴近传统文化的原生态,更能呈现传统文化的自然状态,苏北文化馆(站)应着力挖掘尚未被发现的民间"非遗",从而进行申报和传承,让群众文化也能自觉担当民族文化的保护与传播。

(3)将群众文化跻身政府派出的送戏下乡队伍。近些年,苏北各级政府为扶持地方戏曲院团,每年都有政府买单、戏曲院团送戏的演出场次,由于地方戏的滑坡,苏北许多基层剧团已经呈行当不齐、剧目不全的难堪局面,文化馆(站)应主动与剧团联系,分担剧团的演出场次与演出节目,这样既能减轻剧团送戏的压力,又能增加文化馆(站)的经济收入。

(4)将群众文化进入新农村文化和城市社区文化。苏北文化馆(站)应积极推动新农村文化建设和城市社区文化建设,针对当下苏北农庄与苏北社区的实际状况,支持农家书屋,定期和不定期地举办农民艺术节、留守儿童艺术节、大学生村干部艺术节,以及城市社区艺术节、社区邻里艺术节等。

苏北群众文化,一旦融入旅游经济、介入"非遗"传承、跻身送戏下乡、进入新农村文化和社区文化,苏北各地就一定能构筑起一片具有时代性的群众文化高地。

党的十七届六中全会,明确提出今后着力推动社会主义文化的大发展大繁荣,这对于苏北群众文化既是机遇又是挑战。笔者坚信,只要苏北群众文化工作者,认真学习胡锦涛总书记的"七一"重要讲话,深刻领会党的十七届六中全会精神,自觉地忠于职业操守、担负时代使命,以科学发展观创新未来的苏北群众文化工作,甘受寂寞,甘守清贫,甘于奉献,队伍团结协作,众志成城,就一定能够迎来苏北群众文化新的春天!

探索全民艺术普及背景下
群文工作的开展创新

（扬州市文化馆）

马 丽

扬州文化馆一直致力于文化艺术的普及，特别是近年来，随着免费开放的深入推进，文化馆更是把开展公益艺术普及作为自己的重要工作，取得的成绩有目共睹。全民艺术普及，无疑是在构建现代公共文化服务体系、建设社会主义文化强国背景下对文化馆提出了更高的要求。群众文化工作是以满足群众的基本文化需求为主要内容，面对时代的重托和人民的希望，群众文化工作者应一如既往地履行这一职责和使命，更应思考新形势下群众文化工作发展的道路和创新的方向，更好地凸显文化馆在全民艺术普及和公共文化服务中的突出地位，创造和铸就文化馆事业更大的新辉煌。

2015 年 1 月，中办、国办印发了《关于加快构建现代公共文化服务体系的意见》，《意见》要求"积极开展全民艺术普及"。开展全民艺术普及，是党和政府在新时期交给文化馆的一项重要任务，也是群众文化工作不可推辞的责任。

艺术关乎人的生活，关乎人的心灵，关乎国民精神的塑造，关乎一个民族的品质和未来。有艺术浸润的生活才是美好的生活，有艺术滋养的心灵才是高贵的心灵。全民艺术普及所指向的是全民文化艺术素养的提高、审美水平的提升、精神面貌的提振、核心价值观的培育、文化创造力的激发。它旨在让艺术融入人们的日常生活,使生活审美化、艺术化,更有情趣,更有精神和审美内涵,更有价值和意义。

开展全民艺术普及,既能丰富人们的精神世界,激发出人们的创新能力,进而提升人们的审美素质,人们通过艺术普及活动学习到的艺术手段运用和艺术鉴赏能力,又能促进自身艺术感知能力的发展和生活质量的提高,从而实现全民创造力的提升,这也意味着整个社会创造力的提升。

人的审美素质的提升推动国际潮流的走向,通过全民艺术普及的手段,将各行各业的人置身于优秀文化的浸染之中,一方面可以为人们了解和欣赏高品质文化提供载体,丰富精神文化世界;另一方面人们在享受审美提升的同时创造出新的文化活动和文化形式,不断为文化创新提供新的元素,从实质上推动了文化强国战略的发展。

一、全民艺术普及对群众文化工作的新要求

全民艺术普及是公共文化服务的有效手段。群众文化服务是公共文化服务的重要组成部分,是群众文化的有关部门、专门机构和工作者所从事的领导、指导、管理、组织、辅导和研究群众文化活动的社会化行为。

群文工作的工作重点是满足群众的基本文化需求,保障群众进行公共文化鉴赏、参加群众文化活动、提高文化艺术素质、参与群众文艺创作等基本文化权益。

1. 新的文化发展观对群众文化工作的新要求

(1) 新的文化发展观提出"以人为本,经济、政治、文化、社会协调发展",对群众文化工作提出更多更高、更新的要求。学会运用新的发展观,推进群众文化的发展繁荣是做好群众文化工作的前提。

(2) 推进群众文化思想观念的创新,不断深化对群众文化发展的地位、方向、动力、思路、格局和目的认识是做好群众文化工作的关键。

(3) 推进群众文化工作的体制和机制创新,逐步建立一种适应经济且符合群众文化事业发展规律的新型运行机制,是做好群众文化工作的保障。

2. 群众需求多方面、多层次、多样化对群众文化工作的新要求

（1）群众文化需求的变化，要求群众文化工作解决群众文化服务供给不足的同时，把提高群众文化工作服务能力、拓宽服务领域、创新服务方式、改善服务条件、提高服务质量作为工作的重点。

（2）群众文化需求的变化，要求群众文化工作必须加强对群众文化需求的研究，建立群众文化需求反馈机制实行"菜单式"的服务方式。

（3）群众文化需求的变化，要求提高群众文化工作信息的及时性和透明度，让群众易于获得，方便群众选择自己喜欢的项目，满足群众的不同需求。

3. 数字和网络技术的应用对群众文化工作的新要求

（1）促进数字和网络技术在群众文化服务领域的应用，是当前群众文化工作的一项重要任务。

（2）以现代信息技术为支撑，以群众文化资源建设为重点，加强数字群众文化的惠民服务，提高群众文化机构的服务能力。

（3）以文化共享的服务网络为基础，构建一个内容丰富、技术先进、覆盖面广、传播快捷的数字群众文化服务网络，实现双向互动。发展和传播健康向上的网络群众文化，使之成为传播先进文化的新途径、群众文化服务的新平台、精神文化活动的新空间。

二、全民艺术普及下群众文化工作的开展模式

在群众文化发展过程中，曾出现走事业化发展道路，还是走产业化发展道路，或是走产业与事业相结合的发展道路的讨论。群文机构形成"有偿服务"的服务模式，以及与之相适应的工作思路、工作机制和工作方法。

全民艺术普及大前提下，群文工作必须迅速转变长期形成的"有偿服务"的发展模式，改变与"有偿服务"模式相适应工作思路、工作机制和工作方法，走公共文化服务的发展道路，在"公益性、基本性、均等性、便利性"四位一体中把握群众文化的发展方向、目标、动力、格局和战略。

公益性是群众文化的基本属性。全国艺术普及是社会文化公益事

业,是为了满足群众基本文化需求而设立的,无偿服务或低廉收费是它的主要提供方式。

基本文化艺术服务是群众文化的基本职能。群众文化服务提供的服务主要是普及型、提高型和保障型。全民艺术普及属于基本文化服务的范畴,群众文化工作将基本文化服务作为主要职能。

均等性是群众文化工作的内在要求。全民艺术普及的主体是全体社会实践者,是全民性的,人人享有群众文化成果、参与群众文化活动和开展群众文化创造的权利。群众文化服务和专业文化服务在参与和享受上的最显著区别在于群众享有的均等性和民主性。

便利性是群众文化群众性的实现方式。群众文化供给、服务对象是全体人民群众,为了保障全民享有艺术文化服务的权利,必须保障普及的方式具有最大的便利性。

与我国全民普及建设相适应,按照结构合理、发展均衡、网络健全、运行有效、惠及全民的原则,坚持政府主导、社会参与、全民共享的理念,坚持以人民为中心,以需求为导向,坚持共建共享、协同推进、创新发展和特色发展的原则,围绕全民艺术普及开展服务。其中,艺术知识普及主要通过慕课、讲座、出版物等方式,让群众更多地亲近艺术、了解艺术;艺术欣赏普及则把古今中外优秀、经典的作品,以展示展演的方式介绍给群众,以此提高群众艺术鉴赏的能力;艺术技能普及通过多途径的艺术培训,让更多的群众学习掌握各类艺术技能;艺术活动普及则设置丰富的活动赛事,吸引更多的群众参与和展示。

三、全民艺术普及下群文工作的创新

1.“以人为本”,保障群众的基本文化权益

适应人民群众多方面,多层次,多样化的艺术需求,有针对性地提供丰富多彩的文化服务;特殊群体普及专项针对老年人、残疾人、贫困家庭等提供特殊的产品和服务;实行定点服务与流动服务相结合、推动艺术普及向单位、学校、社区延伸。

2. 群众文化资源的整合和共享

随着社会经济发展,群众对文化服务产品数量和质量的要求也越来越高,以地市级群众文化机构为龙头,增强地、市、乡三级群众文化机构的协调配合,探讨总分馆管理模式;建立跨区域群文资源共享机制,扩大公共文化服务的覆盖面,统筹群众文化资源要素的合理配置和资源的整合利用,形成区域共建、运转有序、服务高效的群众文化工作组织运行机制。

3. 群众文化队伍建设的创新

(1) 充分调动、鼓励社会各方力量,创新实施主体。广泛开展志愿者活动,鼓励退休文艺工作者、艺校学生和其他热心公益事业的社会人士,成为全民艺术普及主要供给力量,深化社会力量参与的运作机制,真正形成社会积极参与的文化共建格局。

(2) 运用多种方式加大培训力度,着力提高群众文化服务队伍的思想政治素质和新形势下做好群众文化服务工作的能力。注重发挥文艺骨干的作用,培育和发展业余文艺队伍。

(3) 建立科学管理体系,制定管理办法及考核标准,形成常态化的绩效管理机制,将提供全民艺术普及服务和产品的各级机构和个人纳入考核管理体系,有效检验全民艺术普及工作的服务效能。

4. 群众文化工作的数字化建设

(1) 建立和维护好文化馆的网站,及时发布和更新网站的内容,选择有特色的优质数字资源。将文化馆的书画展览、文艺演出、艺术培训等资源上传至网站供群众欣赏,完成需求精准对接,成为市民的艺术家园,在此过程潜移默化地起到全民艺术普及的效果。

(2) 利用微信、微博等新媒体,快捷、高效地满足市民艺术学习和欣赏需求,形成文化服务双向互通功能圈,及时发布活动信息,推送演出预告,让更多地群众接触文化馆的活动,选择自己喜欢的节目。

(3) 推广中国文化网络电视客户端,借助一站式数字服务平台"互联网+"和大数据采集与处理技术,推动全民艺术普及的落实实施。基层群众通过活动现场、互动分会场、服务点直播、手机直播、点播回看等方式即可免费获取服务和参与互动。

5 群众文化活动的创新

广泛动员社会力量,利用各种有效形式,在社区、乡村、企业、校园和军营搭建群众文化活动平台。

不断创新群众文化内容,依托传统节日、重大节庆日和民族民间文化资源,组织开展群众乐于参与、便于参与的文化活动。建立群众文化活动的长效机制,做到经常化、制度化。

打造反映时代精神、具有地域特色、深受群众喜爱的群众文化活动品牌,扩大群众文化活动的影响力。

全民艺术普及是落实中办、国办《关于加快构建现代公共文化服务体系的意见》的具体体现,更是贯彻十八届五中全会"创新、协调、绿色、开放、共享"发展理念的创新实践。全民艺术普及让艺术由高居殿堂走进百姓生活,由阳春白雪变为"一人一艺",这是全面建设小康社会的必然要求,更是社会走向文明和谐的重要标志。

新时期群众文化建设的几点思考

（扬州市广陵区文化馆）

顾华嘉

本文结合笔者的工作经验，从群众文化建设的重要性入手，分析新时期如何加强群众文化建设。

群众文化作为中国特色社会主义先进文化的重要组成部分，既是推动社会发展的重要手段，又是社会文明进步的重要目标；既是凝聚人心的精神纽带，又是民生幸福的重要内容。充分发挥其社会功能，提升其建设水平，对于满足人民群众日益增长的精神文化需求与构建和谐社会、稳定社会发展具有十分重要的意义。下面就结合自己的工作经验，从群众文化建设的重要性入手，谈谈新时期如何加强群众文化建设。

一、新时期加强群众文化建设的重要性

基层群众文化活动的组织与开展直接关系千家万户群众的根本利益，是文化工作面临的重点和难点，同时也是一项需要长期抓好、抓实的工作，我们必须认清当前的新格局、新态势，开展、组织好群众文化活动，满足人民群众日益增长的多方面的精神文化需求。只有群众文化活动不断繁荣发展，广大人民群众的文化素质在活动中不断增强，全社会的整体文化水平才能得到提高，才能有效促进科学发展观的贯彻，和谐社会建设的推进，文化体制改革的深入，文化大发展、大繁荣目标的实现。

二、新时期加强群众文化建设的几点方法

1. 更新观念,提高对群众文化建设的认识

各级领导要认真学习,认真研究中央关于加强文化建设、提升软实力的有关政策文件,以战略的眼光、与时俱进的思维、开拓创新的举措,充分认识加强群众文化建设的重要性,并把群众文化建设纳入经济和社会发展总体规划和年度计划,在评估政府工作、考核相关领导政绩、制定考核指标时,应将文化建设的考核指标与经济考核指标同样纳入其中,切实加强群众文化建设的领导力度和资金投入,并建立基层文化建设专项资金,用于发展农村、社区等基层文化事业,从而促进群众文化事业的大发展、大繁荣。

2. 以人为本,重视群众文化队伍建设

人才是事业发展之本,只有有了高素质的群众文化队伍,才能开展高质量的群众文化活动。我认为,加快群众文化队伍建设要抓好以下几点:一是要下功夫建设一支精干、结构合理、素质优良的群众文化队伍,制定相关的政策保证相关人员的待遇。二是依托重点文化产业和文化项目,以文艺团队、俱乐部等非营利组织的形式,把广大的文艺工作者、爱好者组织起来以发挥作用,并定期开展活动。三是制定相关措施,采取一定的形式对农村业余文艺骨干开展定期的免费培训。积极支持民间文艺表演团体、特色文化项目传承人的发展,着力培育文化带头人、民间艺人、文化能人,充分发挥他们在活跃农村文化生活、传承发展民族文化方面的作用。

3. 突出地方特色,打造精品文化

有特色才能有优势,有优势才能形成品牌。每个地区都有其特定的、特色的、特有的群众文化活动,我们要抓住群众文化工作的特点,活跃辖区文化氛围,用群众喜闻乐见的形式,本着尊重、引导、充实、发展的精神,按照突出主旋律与多样化并重、强烈的时代气息与健康的民俗色彩并重的原则,保护、整合、开发和利用文化人脉、民俗风情等历史、地域文化资源,因势利导,将民俗特色和鲜明的时代特色有机地结合起来,赋予群众文化新内容、新形势、新意境,打造出精品文化,使之形成具有一定特色和吸引力的文化品牌,成为地方亮点。

4. 强化城乡联动，推进城乡文化一体化发展

党中央提出了文化建设要按照基本性、均等性、便利性的要求推进，大力推进城乡文化一体化发展，这是新时期群众文化建设的重要任务，也是群众文化事业发展的方向。为此，我们要把握新形势、新任务，努力探索城乡文化一体化发展的途径和方法，利用城市文化资源优势和辐射作用，加强城乡文化联系、互动，助推农村文化发展步伐，丰富农民群众文化生活，从而打破城乡群众文化"二元"发展的旧格局，在文化设施、文化理念、文化机制和文化资源流动、文化产业发展等方面互补衔接，呈现出广陵文化建设城乡联动发展的新态势。

5. 搭建平台，创新载体，营造群众文化发展的新氛围

一要整合资源，积极搭建文化活动的新平台。坚持"大型活动统一办，小型活动分散办，专业业余相结合"的原则，采取与单位联办，与企业联姻，与群众联手的办法，以解决群众文化活动缺资金、少场地等问题，保证群众文化活动持续正常开展。按照资源共享、优势互补的原则，合理配置基础设施资源，不断提高现有场所、设施的利用率和共享率。积极组织各种文化交流、汇报演出、竞技比赛，给各种文艺团体以展示技艺的机会，促进民间文艺团体的快速发展。

二要超前策划，积极寻求文化活动的新载体。要超前策划、提前介入，紧密配合党委、政府的重点工作，充分发挥文化辐射面广、吸引力强、参与面大的特性，设计各种群众文化活动的新颖载体，使基层群众的文化生活更加丰富。

三要沟通协调，积极营造群众文化生活发展的良好环境。要加强与上级有关部门的沟通协调，争取各项文化政策向我区倾斜支持，对于在室外文化广场开展的一些群众文化活动，有关部门应从时间、场所等方面予以正确引导，畅通审批渠道，简化办理程序，既能保护群众的热情又能争取到社会各界的认同和支持，积极营造群众文化生活发展的良好环境。

总之，群众文化建设是一个长期、系统的工作，需要各单位、各部门协调配合，上下联动，需要群众文化工作者求真务实，锐意进取，共同努力，才能推动群众文化事业全面健康、繁荣发展。

关于新时期开展全民艺术普及的几点思考

（扬州市文化馆）

王 蕾

　　本文系统地阐述全民艺术普及的重要性及必要性，以及文化馆在艺术普及中的作用。在全民艺术普及的问题上笔者提出几点意见及改进措施，对今后推动全民艺术普及工作具有重要意义。

　　2015 年，中共中央办公厅、国务院办公厅印发了《关于加快构建现代公共文化服务体系的意见》，意见提出要"积极开展全民艺术普及"，将全民艺术普及上升到了新高度。我国目前文化馆基础设施建设有了很大提高，公共文化服务覆盖范围和服务能力也有了较快发展，但是由于我国各地区发展水平不同，人口文化素质也有差别，如何加快推进全民艺术普及，对于各级文化馆提出了更高要求。

一、全民艺术普及的意义

（一）全民艺术普及的重要性

1. 全民艺术普及有利于培育昂扬向上、奋发有为的精神面貌

　　当前，我国正处在"十三五"开局阶段，更需统一思想，凝聚共识，汇聚起全面建设小康社会的力量，推动实现中华民族的伟大复兴。而要培育和弘扬社会主义核心价值观，建立起"富强、民主、文明、和谐"的价值目标，"自由、平等、公正、法制"的价值导向，"爱国、敬业、诚信、友善"的

价值准则,凝聚正能量,引导精神文明建设健康有序地进行,需要加快推进全民艺术普及,通过提高人们的艺术修养和艺术鉴别能力,加深对积极正面的艺术形象的理解力,发挥艺术的社会功能,激发人们对于美好生活的向往,激励人们为实现社会进步不断奋勇前行。

2. 推动全民艺术普及有利于建设社会主义文化强国,提高国家文化软实力

全民艺术普及,有利于提高群众的艺术修养,从而提高对我国传统文化的欣赏和理解能力,提高优秀传统文化的群众基础,从而有利于把中华传统文化以人们喜闻乐见的方式推广开来。在此基础上,相关政府部门和社会可以综合运用大众传播、群体传播、人际传播等多种方式展示中华文化魅力,既立足传统又面向现代,讲好中国故事,传播中国声音,提高我国的文化软实力和国际竞争力。

(二)全民艺术普及的必要性

艺术具有的社会功能对人们的精神面貌和社会生活具有重要的影响,主要表现在:优秀的艺术作品可以打动人的情感,愉悦人的精神,净化和陶冶人的心灵,培养人的审美能力,使人从中获得特殊的审美享受;欣赏优秀的艺术作品,可以使人获得丰富的社会历史知识,了解人生,提高观察生活和认识生活的能力;进步的艺术作品可以影响人们的世界观、人生观、价值观,改变人们的人生态度,激励人们为实现人类进步的社会理想而斗争;同时,艺术作品可以满足人们的娱乐需求,安抚心灵,排解压力,保持健康乐观的生活态度。

二、文化馆在全民艺术普及中的作用

(一)文化馆在全民艺术普及中有场馆优势

目前我国文化馆基础设施建设发展良好,经调查统计,全国文化馆总面积达到 1100 多万平方千米,县级文化馆馆舍平均面积 3000 平方千米,全国每万人拥有馆舍面积 80 平方米。文化馆可以利用自身的场馆,划分不同的功能区,方便日常的演出、展览及活动,满足不同群众的场馆使用

需求。同时,文化馆的数字化水平也有了突飞猛进的发展,网站配置率县级文化站在30%左右,地市级文化馆达到63%,省级文化馆94.3%,微信公众平台等数字移动终端服务也取得了较大发展,便捷性和时效性得到了较大改观,这有利于全民艺术普及工作的开展。

(二)文化馆在全民艺术普及中具有群众基础

经过多年的发展,文化馆已成为百姓心中重要的文化活动阵地,相对于其他单位和社会团体及组织,文化馆更容易整合群众资源,广泛征集群众智慧,听取百姓意见和声音,改进相关服务质量和水平,使文化服务更加贴合民意,更加适应群众需求,使文化艺术普及工作更加接地气,从而使文化馆影响范围更加广泛,辐射带动作用更加充分,提高全民艺术普及的群众支持度。

(三)文化馆在全民艺术普及中有人才优势

目前,各级文化馆主要通过事业单位考试招揽人才,补充新鲜血液,文化馆所吸纳的舞蹈、绘画、摄影、戏曲等专业艺术人才,可以充分满足百姓日常所需的艺术培训、指导、咨询等服务,这大大提高了全民艺术普及的科学性和系统性,成为文化馆开展全民艺术普及的优势之一。

三、文化馆在全民艺术普及中的问题

(一)部分场馆建设一味求大,忽视科学性和实用性

文化馆的核心是人,应该从场馆设置科学化、服务人性化、设施实用化来吸引更多的群众走进文化馆,不断提高文化馆的群众口碑,切实发挥好文化馆的公共文化服务功能。然而目前有些文化馆的场馆建设一味求大求新,场所偏僻,建筑忽视了群众出行的便捷性、群众使用的方便性和群众活动的满意度,馆舍虽新但是人气不高,更难以融入百姓的日常生活,发挥好文化馆自身所具有的公共文化服务功能。

（二）部分场馆注重文艺表演，缺乏互动性和参与性

一些文化馆目前的发展模式仍然局限于开门办活动、送文艺进社区，百姓只是被动的欣赏者，缺乏主动参与的途径和平台。同时，如果只注重节目的输出，不注重文艺知识的普及和宣传，全民艺术普及就缺乏理论基础，普及实效就大打折扣。

四、当前文化馆工作的几点意见

（一）科学布局，打造更加实用化、人性化的场馆

以扬州市文化馆为例：扬州市文化馆与交通部门经过沟通协商，设立了专门的公交站台，方便百姓的日常出行；对馆内场所进行科学布局，一楼动态场馆—小剧场和静态场馆—展览馆相结合，展览馆主要是日常的美术摄影作品展览，小剧场主要是日常的戏曲、文艺演出，既考虑动静结合，又方便老年群体出行，广受好评；同时，利用门厅搭建临时演出舞台，百姓即使不进馆，也可以欣赏到文艺演出和电影，馆前广场设置体育器材，铺设沥青道路，夜间可以供百姓散步、夜跑等，深受百姓喜爱；二楼的未成年人活动中心，更是未成年人娱乐休闲的好去处，节假日举办的各种亲子活动，深受孩子们的喜欢等。一切从实用性出发，使扬州市文化馆常年在群众中保持着好口碑，百姓愿意走进文化馆看演出、看展览，更能亲自在展览馆中办展览，开个人演出专场，大大提高了文化馆的利用率，成为全民艺术普及的重要阵地。

（二）注重活动的参与性，提高群众的文艺欣赏水平和文艺知识水平

全民艺术普及的重要目标就是要提高群众的艺术欣赏水平和艺术审美能力，因此，文化馆在日常送节目进社区、送节目下乡的同时，要增强艺术活动的参与性，使老百姓成为公共文化服务的参与者，例如扬州市制定了"绿杨人家"社区艺术节五年规划，目的就是通过社区合唱比赛、广场

舞比赛、绘画、摄影比赛等一些门槛要求低、百姓容易参与的艺术形式,充分激发群众参与其中的热情,提高他们的幸福指数和快乐指数;通过评选社区艺术之星等方式,利用草根艺术达人自身的影响力和号召力,唤起身边群众对艺术的热爱。同时,文化馆要通过不断地开展艺术讲座、开设艺术讲堂,将文艺知识的普及贯穿到演出展览的过程中,逐步提高群众的艺术欣赏能力和欣赏水平。

(三)提高社会力量参与水平,共同推动全民艺术普及

目前,社会化发展在文化馆领域刚刚起步,文化馆利用社会力量和社会资源并不多。总体上看,我国在文化馆领域鼓励社会力量参与是一贯的政策,自从十八届三中全会以后,社会化提得越来越高,由鼓励社会化参与提升到了推动社会化发展,2015 年初,中共中央办公厅、国务院办公厅印发了《加快构建现代公共文化服务体系的意见》中指出,要增强公共文化服务发展动力,文化事业的发展,内生动力之一就是社会化,通过政府购买服务的方式,引导和鼓励社会力量参与公共文化基础设施建设,引导和鼓励社会力量通过主办、承办、冠名、合作等方式参与公共文化活动,引导和鼓励社会力量参与投资大型文化设施的建设与运作,通过专业化的设备、人才、市场,为百姓提供优质的服务。

(四)提高数字文化馆建设水平,为全民艺术普及提供技术支撑

依托信息技术和数字技术,提高文化馆数字化水平,有利于为群众提供方便快捷、菜单式的公共文化服务,但是不能简单地将设置网站等同于数字化,网站是开展数字化建设的基础,同时还要注重打造实体空间的数字化和智能化:利用"互联网 + "技术,提高交互式智能化的文化馆服务水平,例如利用网上展览厅、移动终端和微信公众平台分享演出资源、展览资源和学术讲座,特别是移动终端和微信公众平台可以提供短小精悍的微视频,更适合当下人们的阅读需求和阅读习惯;利用数字技术建设的数字文化墙、数字休闲空间和虚拟现实空间,通过互联网

技术与信息技术,整合文化资源,将艺术作品打包链接,使百姓可以随时随地欣赏全国各地的文化艺术精品;开拓艺创空间,为年轻群体提供展示文化创意和文化设计的平台,不断提高文化馆对于年轻群体的吸引力,扩大文化馆的覆盖率,真正使文化馆成为各个年龄段人群的文化乐园。

推动全民艺术普及,不断保障人民群众享有的基本公共文化权益,不断提高百姓的幸福指数和快乐指数,是文化馆事业发展的重要目标。只有不断了解百姓需求,不断大胆创新,提高公共文化服务水平,才能为全民艺术普及打好基础。同时,积极畅通渠道,广开路径,积极鼓励人民群众参与到文化艺术创作和生产中来,才能使全民艺术普及更有生命力,社会主义文化建设才有最新鲜的源头活水和最扎实的群众基础。

泰

州

歌从这方来

——兴化民歌传习中心建设的实践与思考

（兴化市文化馆）

刘俊平

为了保持文化的多样性，保持非物质文化的生态平衡，促进世界文化的多元化发展，保护和传承民族民间文化已经成为现代社会文化建设的重要使命。

作为担负非遗主要工作职能的基层文化馆，近年来，我们加大了对传统音乐类非遗的保护和传承工作，建立了兴化市民歌传习中心。现具体谈谈建立兴化民歌传习中心保护传承本地传统民间音乐的实践与思考。

一、兴化民歌的基本特色

兴化水域辽阔，明净的风土人情、别致的乡村生活、豪爽的水乡性格，塑造了兴化自古而今的文脉。施耐庵、李春芳、郑板桥，哪一个不是一时人中俊彦，个中翘楚。地灵人杰之地，谱出了不少传唱四海的民歌。

这里是地处里下河地区的鱼米之乡，地势平坦，无崇山峻岭，所以没有真正意义上的"山歌"，流行此地的主要是指劳动者在田间劳动时即兴抒发思想感情的歌唱，多以号子为主，如栽秧号子、车水号子、挑担号子、打夯号子、窑工号子、划船号子等。在各类号子中又以栽秧号子和车水号子为主，它虽不及蒙古长调的气息宽广、情感深沉，新疆民歌的旋律优美动听、节奏活泼,没有陕北"信天游"粗犷奔放、悠扬高亢,山东民歌的粗犷和诙谐、风趣,比不上东北民歌的明朗、活泼,但是兴化地处维扬地带传统音乐区,是贯通江苏南北的交汇地,曲调悠扬更具水乡特色,堪称中国民间音乐中的一朵奇葩。《中国民间歌曲集成·江苏卷》中共收集了115首栽秧号子绝大多数流传于此。

兴化民歌历史悠久,有着十分广泛的群众基础,它是中华民族传统文化的一分子,是里下河民间音乐的重要组成部分,在里下河地区有一定的影响力。

二、建立兴化民歌传习中心的必要性

兴化民歌尽管篇幅较多、题材广泛、曲调悠扬、易于传唱,但随着城市现代化进程的加快发展,民歌传唱的载体消失,民歌传承面临着最大的问题是,缺少传唱展示的场所,以及常态化管理运转机制。主要体现有以下三个方面。

(一)民歌濒危情况严重

以栽秧号子为例。尽管栽秧号子已经有千年历史,然而,由于号子是农耕时代的产物,所依赖生存的土壤已经发生了巨大的变化。号子是依靠民间歌手师徒相袭、口传心授的艺术,自我保护能力本身就十分脆弱,加之诸多客观因素的出现,目前栽秧号子已经面临几乎灭绝的局面。首先,传承人青黄不接,年轻人喜欢栽秧号子并愿意学唱的极为稀少。其次,栽秧号子的传统功能已经不适合时代要求,受众群体迅速减少,年轻人更热衷于在歌厅、舞厅内娱乐或上网娱乐,选择听栽秧号子的微乎其微。再次,传承方式已经不适应号子的发展要求。现代生活节奏加快、生活多样化,"口传心授"的方式难以让年轻人接受,栽秧号子在远离现代化的水乡兴化儿女。

(二)民歌传承普及效果不明显

民歌保护首先应当保护传承主体、民歌的传承普及全部寄托在我们主体人群上是不够的,我们知道,传承人的保护是保护工作的关键,传承人既是保护客体也是保护主体,没有对传承人的保护,保护工作就很有可能落空,因此,重视对传承人的保护是必需的。随着国家对非物质文化传承人保护的重视,增加了对传承人资金补贴,以及政府部门的宣传帮助,已经培养出一小批的传承人队伍。但是相对160多万人口就显得渺渺无几了,并且传承人年龄结构偏大,缺乏稳定性,随时有着传承失败的可能性。

(三)缺乏专业组织管理机构

兴化民歌保存至今有着无数人的努力和付出,最为关键的就是坚实的群众基础,让我们的民歌听起来还是那么的有声有色。兴化民歌因各种各样的原因受到传承阻断的影响,或是将兴化民歌传承发展往更加优良的方向驱动,都需要我们政府文化部门牵头,成立一些专业为我们民间音乐、民歌等传承帮助服务的组织机构或传播平台,这些专业机构需要对全市民歌统一梳理、统筹安排、专业策划、合理展示。呼吁政府多建立一些公益的文化空间,让群众可以尽情歌唱,传播民歌的种子。策划定期开展民歌演唱比赛、会演活动扩大兴化民歌的社会影响力。

综上所述,建立兴化市民歌传习中心,保护与传承兴化民歌,对于弘扬民族优秀文化,研究兴化民间文化,展示地方文化特色,对激发兴化人民热爱家乡、热爱生活的豪情,丰富广大人民群众精神文化生活,具有十分重要的意义和作用。

三、兴化民歌传习中心的工作机制

兴化市民间音乐传习中心,是由该馆建立,经民政部门审批的民非组织。该中心设有展示馆、教唱馆、录音制作馆三大主题馆,下设35处乡镇基层民歌传习所。建有三大工作机制。

(一)动态传承机制

所谓动态传承就是,民歌存在于日常生活之中口头之上,通过口耳相传,没有被固化的最具生命力的传承。它是在人们的生产劳动和社会生活中自然产生,并留存于人们的生活之中的口头艺术形式。它存在于人们日常生活口头之中没有被固化的音乐形式之一。

动态传承是传习中心最为重视的传承方式,中心的教唱馆是动态传承的主要基地,传唱室里配置了传统乐器和现代乐器相结合的配备,二胡、琵琶、笛、萧等传统乐器是为配合原生态演唱;钢琴及民歌 MV 演唱主要是为配合新创民歌表演,各司其职。传习中心以传唱馆为发散点,对民歌资源丰富的乡镇专门成立民歌传习所,定期组织好传习中心的传唱教师、民歌传承人、新民歌手及社会爱好人群到达我们这些老兴化民歌手的家里。或是把这两类人群邀请到当地乡镇传习所在我们的学员进行更具本土的原汁原味的表演,潜移默化地让我们所有的学员及欣赏人群找到最为原声态的演绎。

(二)固态传承机制

传习中心的展览区有一项很重要的展示就是固态展示,民歌传承至今,有一种很重要的传播方式,这里的固态特指以纸质文本(乐谱)形式为依托记载和传承民歌的方式,为民歌的传播开辟了崭新的传播渠道,纸质文本的使用突破了民歌流传在时间和空间上的局限性,纸质乐谱、印刷出版物等的出现,使民歌以乐谱的形式进行传播,扩大了受众面。

兴化民歌历史悠久,展览区直接收藏了几个重要时期以乐谱形式留存的民歌固本。其中最早出现在 20 世纪 50 年代,以原兴化文化馆馆长王虹军先生为代表的文化人,就开始收集整理民歌资料。兴化市文化馆编印的《水乡文艺》算得上是兴化民歌最大的文字载体了,每期都要刊登好几首。1962 年,兴化迎来了历史上最大规模的民歌收集工作,王虹军携南京艺术学院教授易人女士、江苏省歌舞团作曲家鲁其贵先生、江苏电台音乐编辑潘明海女士,省音协秘书张仲樵先生等奔赴乡村,遍访各路民间歌手,收集、记录兴化民歌。300 余首地方民歌中的 259 首收入江苏省音乐家协会与兴化市文化馆共同编印的《兴化民歌采风录》。2009 年兴化市文化局、教育局组织力量编印《兴化民歌传习本》,作为乡土音乐教材走进校园。2013年市文化馆重新组织力量、以专业化打谱软件重新整理、梳理、编排、编辑了全新的《兴化民歌》。除此之外因民歌与劳作相结合，农民演唱时使用的劳作工具的展示也是固态传承民歌的重要方式。其中有：车水模型、打夯工具、栽秧工具，以及牛号子用的牛鞭子、锣、鼓等当时劳作时工具。

（三）数字传承机制

随着时代的发展，科学技术的进步，声像存储、复制的方便和快捷，特别是电视传媒、网络传媒的出现，融听觉与视觉为一体的民歌艺术有了新的存在方式——声像技术的数字化。数字声像技术让人有真实强烈的现场感，传播方式和传播内容也极为丰富，此时的兴化民歌存在形式也进入了数字化时代，我们这里成为数字民歌，展览区有一块很重要的区域就是数字展示区域，利用现代数字媒体从声、像、形等多方面展示兴化民歌的魅力所在。传习中心有一项很重要的工作就是录音室，它承担着所有民歌录制存储的工作，专业的录音设备使得民歌数字采集更加方便、快捷、高效，且不受空间限制，给即将消亡的民歌无疑是一种天然的外围保护。

在数字民歌出现之前，以声音形式保存的兴化民歌尤为正规，他们经过我们的专业数字化处理，使得保存的安全指数大大提高，影响较高的有：新中国第一位杰出的女中音歌唱家罗田婵，20世纪50年代随父母"下放"在兴化林湖，被林湖秧歌《啊里隔桑栽》的旋律深深折服，她拜当地歌手为师，把田野气息浓厚的秧歌唱得情真意切，韵味真醇。回到北京以后，她把乡野的民歌推荐到中国音乐学院视听教材。另外，2003年，茅山号子代表本土特色节目参加"心连心"艺术团赴兴化慰问演出。2007年，陆爱琴等三位茅山民歌手，亮开嗓门打起《茅山号子》，与周杰伦合作参加了中央电视台"欢乐中国行·魅力泰州"演出。2011年初，中央电视台音乐频道走进兴化，拍摄四集音乐专题片《民歌中国·魅力兴化》，每集时长30分钟，从不同角度向全国观众全方位展示兴化地方民歌已经民俗风情、人文历史。我们还计划着把所有整理编辑的兴化民歌，分批编创成视听数字音乐，邀请专业的乡村民歌手唱录并收藏。

四、民歌传习中心运转带来的社会价值

民歌传习中心建立以来,除正常开放和传唱展示外,正常组织骨干传承人和中心专业辅导老师长期驻点交流、传播,并以点带面、联合基层民歌传习所进行民歌传承活动,同时,积极推动民间音乐进校园(社区、村)活动,覆盖到全市镇村和中小学(城乡在校中小学生 6.5 万人),初步彰显出其特有的社会价值。

（一）文化价值

"民间音乐像一面镜子,以动态的形式照见自己的文化和文化变迁。""它直接反映一个民族的历史、社会劳动、风土人情、爱情婚宴、日常生活,是人民生活的亲切伴侣、劳动中的助手、社会斗争中的武器,是交流情感、传播知识、娱乐消遣的工具,也是认识一个民族文化、历史、社会、民风、民俗的宝贵资料。"兴化民歌是文化的一部分,民歌源自于社会最底层,保存的历史和文化是最真实的,口头传唱的历史与文化往往能弥补历史典籍的不足,有助于人们更真实、更全面、更接近本原地去认识已逝的历史与文化。民歌作为一种口头文学艺术形式,表现了不同历史阶段人们思想、生活、文化等各方面的实际情况,具有很高的史料价值。此时民歌"音乐不再是娱乐、不再是物理、不再是技术和形式,也不仅仅是审美和教化,而成为文化,成为我们人类精神和物质总和中的重要部分"。

民歌歌词直接反映了一段历史时期兴化的社会文化景观,体现农耕社会男主外女主内的自然社会生活状态,具有强烈的农村生活气息。在音乐人学的试验下,民歌已经逐渐变成一种鲜活的文化符号,人们通过这种文化符号洞察更为深刻的文化信息。

民歌的唱腔对于研究地方方言特点有着独特的参考价值,民歌歌词属于地域性口头文学,民歌歌词内容源自于人们日常生活生产劳动和社会生活,民歌即兴的口头表达特点与地方方言有着密切的联系,民歌的方言特点常常能够彰显出民间地方语言的艺术魅力。方言的语音、词汇、语法等特点在民歌的用韵、腔调、歌词等方面都有明显的反应,以方言为载

体的兴化民歌有自己相对稳定独立的风格,在曲调和歌词上形成了与方言相对应的区域性特征。

兴化民歌的文化传承价值还在于它是现代音乐创作的源泉。现代音乐创作最宝贵的音乐素材来源于各地民歌,民歌草根性的音乐元素是作曲家音乐创作取之不尽的音乐源泉,因此,采集具有浓郁特色的兴化民歌素材进行歌曲创作,既保留民歌的传统文化底色,又增加了时代新元素,这是我们兴化民歌音乐文化得以传承和发展的有效途径。希望有更多的音乐家、教育工作者关注兴化民歌,传承兴化民歌。

（二）潜在的经济价值

研究整理兴化民歌,不仅丰富了兴化民间音乐文化历史,而且丰富了里下河地区音乐文化历史,历史文化的丰富性为区域带来了不仅仅是内涵的变化,它还会为区域经济带来新的增长点。

兴化民歌近几年已经藏到"文化搭台,经贸唱戏"的甜头,每一年的兴化千垛菜花旅游节,都有十几场地方民歌、民俗的展演在菜花景区。这是民歌和旅游相结合的文化产业商业运作。目标是以兴化地方民歌、民俗、民舞等文化为基础,以民歌为主要特色,打造一个有特色、最具有影响力的旅游文化品牌节,从而树立城市新形象,拉动城市经济、文化、旅游等相关产业的发展。一年一度的民歌大赛已经连续举办了6届,参观人次达20万人次,相关商业运作交易额达2000万,不但树立了"兴化民歌"这个文化品牌,而且加大了民间工艺品、特色产品的交易。

民歌是民族文化的重要组成部分,使之在新时代下焕发生命活力,资本化最重要途径之一。刘锡诚先生强调,"把传统个人创作模式转换为文化产业模式,是活态地保护非物质文化遗产思路下的一种可供选择模式。"

兴化市民间音乐传习中心,通过传统与现代相结合的传播方式,实现了民间音乐老、中、青、幼的完整传承谱系;通过民间音乐原生环境营造、民间音乐的传承演变介绍、民间音乐视听与教唱、现场摹唱与评分等传统体验和现代展示,达到了民间音乐的保护与传播效果。

实施文化播种配送工程
扎实推进全面艺术普及

（泰州市文化馆）

朱智红

本文从免费文艺培训、惠民文艺演出、文艺精品创作等三大方面全面阐述了泰州市文化馆以打造"文化惠民播种配送工程"和"文艺精品创作工程"为抓手，扎实推进全面艺术普及这一论题。

近年来，泰州市文化馆在市文广新局正确领导下，认真贯彻落实党的十八届四中、五中全会和习近平总书记系列重要讲话精神，以打造"文化惠民播种配送工程""文艺精品创作工程"为抓手，以崭新的精神面貌、扎实的工作态度、创新的惠民理念，扎实推进全面艺术普及。从 2014 年起我馆实施文化惠民"播种配送工程"，将过去以"送文化"为主向"播种结合""种文化"为主的方向转变，把过去群众对项目服务的"被动接受"变为如今的"按需配送服务"，将公益性、基本性、均等性、便利性的惠民要求落到实处，充分满足群众参与、群众体验、群众享有基本公共文化的权益。我馆精心制订工作方案，组建文化惠民"播种工程"领导小组，开展群众文化现状调查，设计制作《泰州市群众文化现状调查表》和《泰州市文化馆文化惠民"播种工程"服务项目调查表》，以乡镇为单位进行开放式问卷调查。通过认真调查、梳理分析，弄清我市群众文化现状，理清群众对文化惠民的新期盼、新要求，全馆各类演出、培训、展览、比赛等活动都围绕播种配送工程来开展。通过两年的实践，取得明显的工作实效。

一、以免费文艺培训为抓手，普及艺术知识和技能

（一）举办培训班，增添百姓生活情趣

从 2010 年 2 月开始，我馆在江苏率先举办公益性文艺培训，曾获得泰州市委宣传部创新成果奖、第九届江苏省五星工程奖服务奖。到目前为止，已举办公益性免费文艺培训 16 期，从最初只有 6 个艺术类别 8 个班，发展到现在 12 个艺术类别 18 个班，每期 3 个月，每周两次课，每课 2 小时，每年培训群众近 2000 人次。培训不设门槛和条件，面向全体市民，普及各类艺术基础知识，提高艺术才艺能力。群众报名十分踊跃，常常出现爆满。我们又根据群众需求，举办了基层社区文化辅导员培训班、群众广场舞骨干培训班、"泰州市数码摄影后期制作公益大讲堂"、摄影创作培训班。2015 年，又增加了周六、周日和晚间授课，让在职干部职工也能有机会参加艺术培训。我们还举办暑期未成年人公益性培训班，举办留守儿童、困难家庭子女、残疾家庭儿童公益性免费文艺培训班，充分体现文化惠民的基本性、均等性、便利性。每期培训结束后，我馆都举行"公益性文艺培训班汇报演出与书画作品展览"，让参加学习的学员上台表演才艺、展览书画作品，这些举措极大地调动了学员们学习热情和积极性。公益性艺术培训既丰富了广大群众的生活情趣，也为社区和乡镇文化活动培养了文艺骨干，有力地促进带动了当地文化活动的开展，也使更多的群众享受到免费文艺培训带来的惠民成果。2015 年我馆还筹备成立了泰州市文化馆老年大学，并且成为全省文化系统老年大学规范化建设试点单位。

（二）组建业余团队，架起百姓快乐平台

文艺团队的兴起是群众文化发展的新趋势，我馆高度重视文艺团队建设，在公益性免费文艺培训的基础上，根据自愿原则，创办了馆属文艺团队 10 个，人数达 400 多人。各团队自我管理、自我排练、自我组织演出，文化馆提供辅导与帮助，提供展示平台，组织交流演出，以本馆直属文艺团队引领和带动其他文艺团队建设。市文化馆群星合唱团 2014 年参

加江苏省第十一届五星工程奖比赛获得合唱类金奖，群星民乐团参加2015年江苏省优秀业余民乐团队展演获优秀展演奖。我馆少儿京剧团培养多名学生荣获中国戏曲小梅花奖金花奖和银花奖。此外，我馆每年都举办文艺团队交流演出，文艺团队优秀节目调演、评比活动，不断推进团队建设水平。团队活动的开展，让更多群众走出自我封闭的围城，融入社会大家庭中，人与人之间、邻里之间更加关心关爱，和谐融洽。有一位团队队员风趣地说："不愁吃不愁穿，知足常乐；参加文艺团队，充实业余生活，共享文化美味，大家健康快乐。"

（三）建立基层辅导点，培育百姓文艺种子

我馆先后在兴化周庄、姜堰区俞垛、高新区凤凰街道、姜堰区华港镇港口村、高港区大泗村等地建立了文化馆基层辅导点，派出业务人员定期到点开展文艺辅导活动，为农村、社区培训文艺骨干和文艺种子，排练文艺节目，举办专场演出，推动了基层文化活动的开展。

二、以惠民文艺演出为核心，普及艺术活动

泰州市文化馆每年承办的百姓大舞台、"百团千场"、民众剧场演出等各类惠民演出达八十多场、观众达五万人以上。我馆根据群众需求制订演出计划，百姓演、百姓看、百姓评，让百姓真正成为舞台的主人，许多文艺团队和个人以登上百姓大舞台、百团千场的舞台为荣，争相报名，积极参与。在辅导、编排、选择节目的过程中，文化馆坚持贴近生活、贴近社会、贴近群众，围绕中国梦、社会主义核心价值观、党和政府中心工作为主题开展文化宣传活动，力求主题鲜明，表演形式和内容丰富多彩。特别是走进姜堰区白米镇孔庄村专场演出、姜堰区华港镇港口村演出、走进建筑工地专场，慰问预备役战士专场演出等，受到了群众的热烈欢迎，体现了基层、农村对文化需求的迫切性。在活动过程中，我们尤其注重让广大群众成为节目的主角，让身边的人演身边的事，寓教于乐，从而有力地带动了农村文化、企业文化、社区文化、校园文化、家庭文化的开展。百姓大舞台"有我更精彩"成为我市百姓喜欢的文化品牌，被评为"江苏省第九届

五星工程服务奖"。

除此以外,2014 年以来,我馆还举办、承办了全市及省级以上的大型文艺展演活动。承办了"第十八届中国少儿戏曲小梅花荟萃"、第十一届江苏省"五星工程奖"音乐专场复赛、全市新创文艺节目调演、全市文化馆站干部技能比赛和体彩杯"中国梦·泰州风"全市广场舞比赛;承办了中国泰州梅兰芳艺术节市民才艺大赛活动,举办了泰州市首届少儿钢琴大赛;举办了二十多场群众美术、书法、摄影展。这一系列的比赛、展示活动,也让我市群众享受了一次次丰盛的文化大餐。2015 年我馆被省委宣传部表彰为三下乡先进集体。

三、以文艺作品创作为支撑,普及艺术精品

习总书记在文艺工作座谈会上的讲话指出:"文艺是铸造灵魂的工程,文艺工作者是灵魂的工程师,好的文艺作品就应该像蓝天上的阳光、春季里的春风一样,能够启迪思想、温蕴心灵、陶冶人生,能够扫除颓废萎靡之风。"近年来,我馆认真抓好文艺创作。每年组织承办全市文艺创作培训班、文艺创作提升工程培训班、承办全省舞蹈干部创作培训班,邀请省以上专家、学者讲课,不断提升我市作者的文艺创作水平,编辑出版《梅柳文艺》,为我市作者提供发表作品的园地。同时,对本馆业务干部加强专业训练,苦练基本功,不断提高专业水平。每年制订创作规划、落实创作任务、明确考核指标、完善奖惩机制,极大地调动了业务干部的创作积极性。

文艺创作取得了丰硕成果,全馆人员参加各项文艺比赛获奖数量创新高。2014 年第十一届江苏省五星工程奖评选活动,我市 32 件作品分获金、银、铜奖,舞台类共荣获四个金奖、四个银奖、一个铜奖,是历届五星工程奖获奖最丰硕的一年。其中我馆有 9 人参加决赛获得舞台艺术类比赛一金一银、静态类比赛两个银奖;2014 年全省文化馆(站)干部技能大赛上,荣获四个金奖、四个银奖、一个铜奖,其中我馆获得三个金奖、一个银奖、一个铜奖,全省排名第四,我馆获得优秀组织奖。2014 年全市文化馆(站)干部技能大赛上,我馆获得五金五银五铜的好成绩。2015 年泰州

市新创文艺节目调演中,我馆新创作品女声小组演唱《又见菜花黄》获金奖,歌伴舞《秋雪湖》获银奖和优秀创作奖;2015 年我馆参加省、市各类比赛荣获 35 个奖项。群文理论创作方面,两年来我馆共计 42 篇论文、作品在国家、省级刊物上发表和获奖。

回顾我馆近几年的工作,虽然在实施文化惠民播种、配送工程和文艺精品创作工程方面取得了一些成绩,但是与老百姓不断增长的文化需求、与时代赋予我们的责任和使命还存在着很多差距。2016 年是泰州市建市二十周年,落实十三五规划的开局之年,江苏省第十二届"五星工程奖"活动之年,我馆将按照市文广新局党委的工作要求,不断解放思想、团结奋进、开拓创新,树立品牌意识,打造品牌活动,继续实施文化惠民播种、配送工程、文艺精品创作工程,抓好免费开放各项工作,推动文化馆全面艺术普及再上新台阶,努力为谱写"迈上新台阶、建设强富美高新江苏"泰州篇章做出更大贡献。

着眼地方文化建设
促进文化经济发展

（靖江市文化馆）

王金甫

本文系统地阐述地方文化建设的功能与作用，针对如何充分发挥文化建设优势，笔者提出了几点建议。

地方文化建设是地方文化水平的重要体现，也是地方个性魅力与特色的体现，更是培养适应时代要求的内在需要。因此，很多地方对于地方文化建设工作都非常重视，担负群众文化活动组织指导工作的地方文化馆主要工作就是致力于抓好地方文化建设。比如，将某月某周定为某活动月（周），然后整个地方都为这文化活动而奋力拼搏。从筹备活动制定方案到最后参加活动评比，一派轰轰烈烈的景象。然后，等该活动月（周）结束之后，整个地方再也不见与该活动有任何联系。地方政府、老百姓好像忘却曾经的努力，把重心又都转移到其他工作上去了。过段时间，再举行另一个活动，繁华之余又回归平静，只有经济建设。就这样周而复始地举办活动，美其名曰加强地方文化建设。其实这样的做法是不可取的，是将地方文化建设和地方经济发展割裂开来的做法，是对地方文化建设出现误解的表现。那么，如何才能真正地进行地方文化建设，充分发挥文化建设的长处呢？

首先要认清的是地方文化建设的功能和作用。可以说，地方文化是地方的生命所在，是凝聚和激励地方上下一致搞好各项建设的重要精神力量,是推进我地方各项建设深入实施的一种激励机制,是地方发展的强大内驱力,也是推进地方长足发展的原动力。这充分说明了地方文化建设的价值及必要性。现代地方的发展,离不开地方文化建设,对地方主题的规范、引领、熏陶和凝聚等方面都起着积极的作用。作为文化工作者,为了避免在实践中地方文化建设应景和走过场的尴尬,应该充分了解地方文化建设的功能:

一、地方文化的教育、导向功能

地方文化作为一种背景文化,它的主要作用在于构建一种文化氛围去熏陶、感染人们,使生活在地方之中的人能不知不觉地接受教育,并内化成风格、习惯,从而带上某种地方文化烙印。地方文化在潜移默化的熏陶教育时,无疑对地方成员起到了一定的导向作用。这种导向作用不单是靠行政命令,而更多的是强调通过各种文化要素集中一致的作用,使地方成员在潜移默化中接受共同的价值观与理想追求,自觉自愿地把组织目标当成自己的目标。

二、地方文化的凝聚、激励功能

地方文化作为一种意识形态和价值观念,它如同地方精神的一块碑石,把在长期实践中凝结而成的,反映着蕴涵在地方文化深层的价值体系和做人根本镌刻于上,使生活在某种特定环境中的多数人有着相似的思维方式、思想追求和行为习惯。这些共性如同一种黏合剂,对每一个地方人都具有凝聚力。同时,在这种教育环境中形成的共同需要和目标,对每一个地方中工作学习的人都具有强烈的激励作用,从而使得地方全体成员从内心产生一种情绪高昂、奋发进取的效应,进而把内在的潜能和创造力最大限度地发挥出来,竭尽全力,共同推动地方的发展。

三、地方文化的规范、约束功能

地方文化的约束功能体现在两个方面:一个是"硬"约束,即通过地方既定的制度硬性强制师生的行为,规范思想品质;一个则是"软"约束,是指通过由一定的地方文化衍生出来的一些非正式的、约定俗成的群体规范和共同的价值标准，主要是指通过物质载体和文化活动营造出来的，弥漫在地方中的文化氛围、传统的习俗风尚、地方群体意识和群体舆论等精神文化内容。

四、地方文化的传承、辐射功能

地方文化是社会文化的重要组成部分，同其他文化相比较，它的传承性和辐射性更强。从对老百姓熏陶的角度来说，地方文化建设过程也是一种文化传承的过程。地方文化的开展，势必会不断孕育出一些新的思想、新的理念，这些新的思想和新的理念会促进社会文化的发展，而且地方文化的成果会通过各种途径向社会辐射，潜在地影响社会文化的发展。

地方的经济发展离不开地方文化的发展，因为地方文化建设为经济发展提供了一个基本条件。地方文化中的物质文化、行为文化、制度文化、精神文化，这些都组成了经济发展的最基本的环境和外在来源。因此，在推进地方经济建设的同时，要注意消除不良的地方狭隘文化，通过大环境的影响，让地方优秀文化沿着正常的轨道发展，为地方经济发展铺平道路。地方文化建设过程中要改变的阻碍经济发展的方面有：

1. 孤立的地方主义文化

由于地域限制，每个地方的文化中或多或少都存在自成一体又故步自封的缺点，限制了地方的经济发展。

2. 分化的派别主义文化

在这种文化中，地方处于相互分立的群体，有时为争取权利与资源而相互竞争，特别是在同样优势资源之间，这种分割现象更为严重，不利于横向资源的整合，也不利于纵向资源的衔接。比如靖江汤包文化，全国各地都有，特点不同，我们要做到是取长补短，而不是比历史、比资源；在比的过程中大家两败俱伤。国家级非物质文化遗产靖江讲经亦然。

3. 人为硬造的合作主义文化

在这种文化中，文化被要求围绕行政人员的外来的意图与兴趣而进行合作，靠行政压力来推行文化合作项目，不遵从地方的意愿，要求文化进行走过场似的集体整合和合作反思,从而导致文化趋同和淡化。

考虑到以上不利于文化发展的几点,在地方文化建设的过程中,应该通过地方文化的大环境、大背景,促成文化之间的自然的合作主义文化,只有在这样的文化中,文化才能形成良好的传承关系,使文化之间能够在知识和信息上充分交流,共同分享,在思想、信念、态度方面相互影响和促进;积极将地方文化建设的内容深化,内涵升华,使地方文化馆真正成为群众喜爱的乐园,从而为地方文化发展和经济发展的提高创造有利的条件。

文化部部长孙家正说过:"文化如水,滋润万物,悄然无声。"当我们从文化的角度来观察一个地方的时候,我们会发现,其实一个地方的一切场所,一切活动无不包含和表现出一个地方的文化元素。它对这个地方的每一个人都有着巨大的潜移默化的作用。

1. 利用地方一切文化优势

靖江是少有的江北吴语城市。靖江话属吴语—太湖片—毗陵小片,靖江人属江浙民系。靖江最早为吴越地区正北的江中沙洲,曾是吴大帝牧马大沙,"白马"是靖江的城雕。靖江建县前属江阴,明成化七年(1471年)建县后的460多年隶属常州府。靖江的历史和语言都标志靖江虽然位于江北但文化上属于吴文化、吴越文化,而与江北地区语言文化迥异。明成化年间开埠设治以来,地处江北的靖江却隶属于常州府辖治,一直处于开放的状态,五方杂处,南北交汇,各种文化、各种文化在靖江这块土地上互通互融,形成了今天兼容南北、包容大气的靖江文化。靖江的群众文化正是基于此来开展,才能成为真正的群众文化。

2. 用文化涵养人民群众

古人云,"近朱者赤,近墨者黑"。有位哲人也曾说过:"对人们真正有价值的东西,是他周围的环境。"文化馆要做的不仅仅要发挥文化艺术优势,创建群众文化的金牌团队。发挥市场经济的作用,向社会各界包括行政部门、社区组织、企业提供服务,还要与城乡管理、建设、环保等部门通力合作,把地方的环境建设与文化建设邮寄结合起来。一个地方的环境外貌,表现出一个地方整体精神的价值取向,是具有强大引导功能的教育资源。地方文化作为一种环境教育力量,对人们的健康生活有着巨大的影响。

3. 唱好地方文化"戏"

比如,文化馆可以利用社区、村镇文化站把地方文化元素整理出来,用绘画、舞蹈、音乐、文学等形式表达出来,做到风景墙上有历史,群众歌声中有故事,群众舞蹈中有元素,文学作品中有传统文化。这样既增加了群众"文化积淀,提升了文化品位",也能让老百姓"吸取人类优秀文化的营养,认识中华文化的博大精深"、要"有一定的文化积淀""具有一定的文学鉴赏水平,形成健康的审美情趣"。如果达到这样的要求,我们的文化馆的群众文化活动才算真正意义上的成功。

从靖江 12 个文化站来看,西来镇文化站着力打造了一个颇具规模的农耕文化陈列馆,农耕文化陈列馆没有局限于西来的农耕文化,还全面反映了整个靖江的农耕文化特点;季市镇文化站着力于古镇文化、京剧、美食文化等;生祠镇文化站着力于岳庙文化、舞龙灯、讲经等;马桥镇着力于馄饨等美食文化。靖江建县历史不长,但季市、生祠、西来等古镇已有几百年,甚至是上千年的历史,给现代人留下了历史文明发展的印迹,我们应该倍加珍惜和重视文化的传承与保护。这些镇文化站通过保护遗址、申报非物质文化遗产和举办各类活动等方式加以保护和传承,收到了很好的效果。各镇文化站个性鲜明,特点明显。一些新设立的镇区缺乏历史渊源,但各镇文化站也煞费苦心打造起属于自己的个性文化特色,比如东兴镇文化站兴建了文化广场、文体活动中心、东兴影剧院等公益性文化服务设施,为东兴人民娱乐、健身、学习、休闲提供了理想场所;滨江办事处文化站无独立的文化站阵地,但以社区文化为特色,经常开展各种文艺演出,丰富社区居民的文化生活,更提升了社区居民的文化品位。目前,已建成兴阳、康阳两个社区的社区综合性文化服务中心。

以文化人,应该是文化馆站工作的主要职责;而充分发挥地方文化优势,扬长避短,做好地方文化馆(站)的工作,才是我们文化馆(站)人的最重要的任务。